GUIDES RANDONNEUR

PROMENADES ET RANDONNÉES DANS LES MONTS DU BEAUJOLAIS ET DU LYONNAIS

de Solutré au mont Pilat

Didier Cornaille

SOLAR

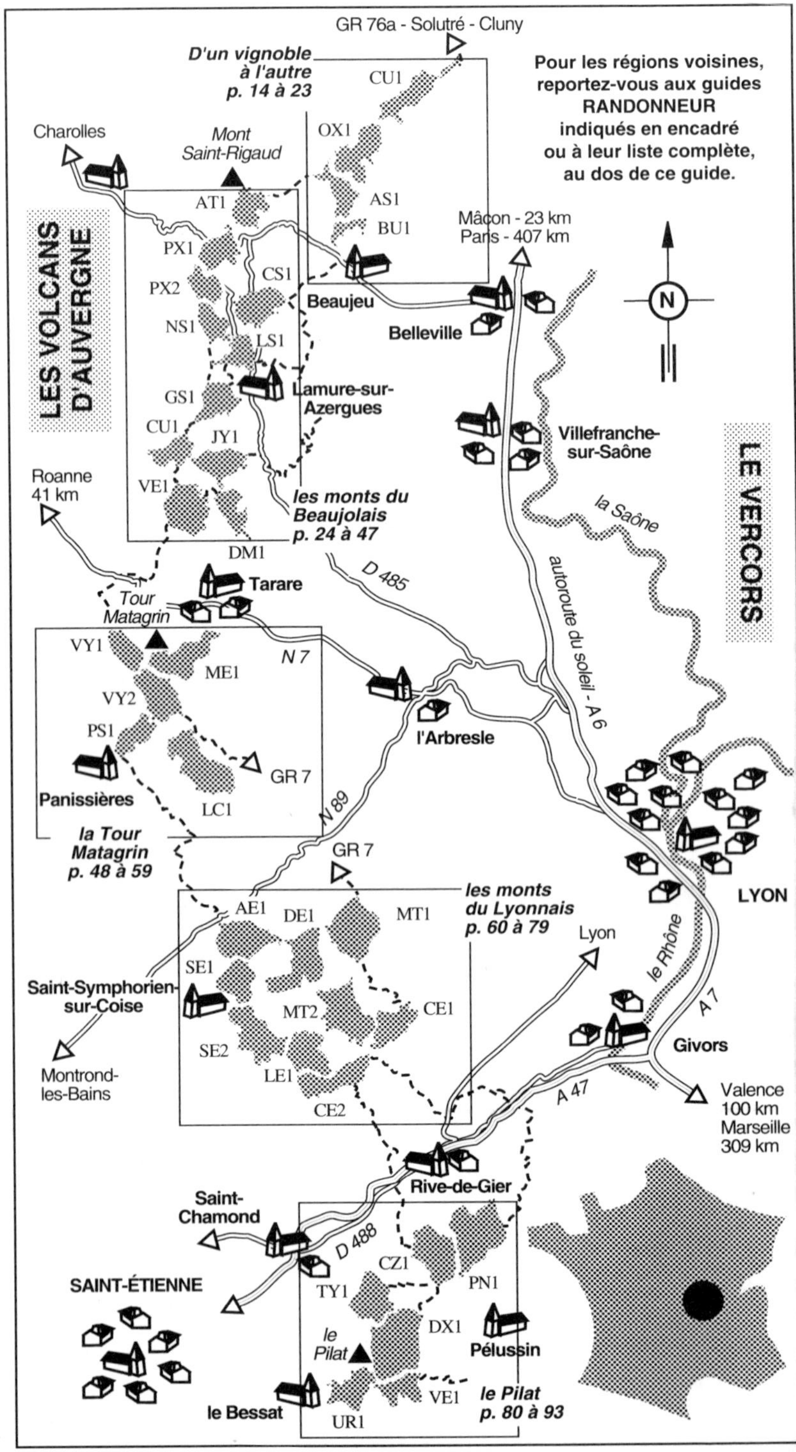

GR 76a - Solutré - Cluny
D'un vignoble à l'autre p. 14 à 23
Pour les régions voisines, reportez-vous aux guides RANDONNEUR indiqués en encadré ou à leur liste complète, au dos de ce guide.
Charolles
Mont Saint-Rigaud
CU1
OX1
AS1
BU1
AT1
PX1
PX2
CS1
NS1
LS1
GS1
CU1
JY1
VE1
DM1
Mâcon - 23 km
Paris - 407 km
Beaujeu
Belleville
Lamure-sur-Azergues
Villefranche-sur-Saône
LES VOLCANS D'AUVERGNE
LE VERCORS
Roanne 41 km
les monts du Beaujolais p. 24 à 47
la Saône
D 485
autoroute du soleil - A 6
Tarare
Tour Matagrin
VY1
ME1
N 7
VY2
PS1
GR 7
Panissières
LC1
l'Arbresle
N 89
la Tour Matagrin p. 48 à 59
GR 7
les monts du Lyonnais p. 60 à 79
AE1
DE1
MT1
SE1
MT2
CE1
SE2
LE1
CE2
Saint-Symphorien-sur-Coise
Montrond-les-Bains
Lyon
le Rhône
A 7
Givors
LYON
A 47
Valence 100 km
Marseille 309 km
Rive-de-Gier
Saint-Chamond
D 488
SAINT-ÉTIENNE
CZ1
PN1
TY1
DX1
le Pilat
Pélussin
VE1
le Bessat
UR1
le Pilat p. 80 à 93

TABLE DES CARTES

De la roche de Solutré au mont Pilat, il n'y a pas 100 kilomètres à vol d'oiseau. La diversité des pays qui occupent cet espace réduit et que vous allez nécessairement traverser est pourtant proprement stupéfiante.

Des vignes, me direz-vous, ne sont jamais que d'impeccables rangées de ceps. Certes, certes... Mais enfin ! Quand elles ont, pour quartier de noblesse, «de Mâconnais» ou «de Beaujolais», vous conviendrez qu'elles méritent quelques attentions ! L'urinoir de Clochemerle a beau être universel. Ce qui, ailleurs, n'aurait mérité qu'un hochement de tête et une brève méditation sur la stupidité des masses villageoises avinées, à inspiré, ici, le chef-d'œuvre, le monument rural et littéraire de Gabriel Chevallier.

Osez me soutenir que la production essentielle du pays et ses qualités, en matière de convivialité, n'y sont pour rien !

Enfoncez-vous dans les noires forêts des monts d'Azergues. Tournez résolument le dos à ces vignes de tentation. Prenez-vous autant que vous le voudrez, dans ces espaces infinis, pour un aventurier d'un autre âge. Et que croyez-vous que vous retrouverez, le soir venu, à l'étape, dans l'un ou l'autre de ces petits villages ceints de hautes futaies ? Rien d'autre, en vérité, que cette bonne rigolade, cette façon unique et goguenarde de traiter l'existence qui est d'ici et de nulle part ailleurs.

Et puis, au-delà du «trou» de Tarare, viendront les collines de lumière des monts du Lyonnais. Lyonnais, dites-vous ? Eh oui, bien sûr ; elle est là toute proche, la grande cité des «gones» et d'une saveur de la vie qui imprègne tout le pays, loin alentour, même si elle est parfaitement allergique à toute exportation et même si l'ironie qu'elle sait si bien manier se retourne, du fond paisible de ces campagnes, vers la ville d'où elle vient !

Ah, bien sûr, après tant de solide convivialité, les pentes du Pilat, lorsque vous les aborderez, vous sembleront la montée au désert. Peut-être y a-t-il un peu de cela, dans cette étrange montagne dressée, dans sa désolation, au-dessus des embarras de la vallée du Rhône?

Peut-être y trouverez-vous, vers Sainte-Croix ou vers la Jasserie, c'est selon, la pointe de spiritualité qui fait la différence entre les rustres agapes et les plaisirs raffinés? Une différence si ténue...

D.C.

Dessins Jean Perrin

ISBN : 2-263-00028-3
N° d'éditeur : 2248

Sommaire

LES GENS DU PAYS

La randonnée, en tout premier lieu, c'est le plaisir d'aller au-devant des hommes. Ceux et celles que nous avons rencontrés ont fait, pour une large part, ce guide tel qu'il est. Il est donc un peu le leur. Il voudrait surtout être le reflet de la passion que chacun d'eux, à sa façon, nourrit pour "son" pays.

Gaby Barbati et son épouse ont fait de la ferme de Préjurin une sorte de «maison du Bon Dieu», une arche dont la porte reste en permanence ouverte à quelques jeunes qui viennent y redécouvrir ce qu'est un lieu où il fait bon vivre. Un lieu ouvert sur l'immensité de la nature qui l'entoure et, tout particulièrement, sur le Pilat dont la sombre masse, à l'horizon de Préjurin, est une perpétuelle invitation au départ !

Gérard Gauthier, dans sa ferme qui domine Ouroux, a choisi de remplacer les vaches par des chevaux ! Les greniers sont devenus dortoirs. Et, avec son épouse au charmant accent lusitanien, à longueur d'été, leurs moissons sont la joie de vivre et l'exubérance des groupes de jeunes qu'ils reçoivent et qu'ils entraînent tout au long des chemins des monts du Beaujolais.

Patrick Lacrotte et son épouse accueillent eux aussi des jeunes qui réapprennent chez eux ce que joie de vivre veut dire. Depuis le bourg de Duerne, tout en haut de la vaste cuvette de la Coise, les monts du Lyonnais sont leur domaine. Et jamais leur plaisir n'est plus grand que lorsqu'ils peuvent faire découvrir leur pays et contribuer, pour leur part, à mieux le faire connaître.

«Lili» Tardivel est une Rouergate échouée en forêt beaujolaise. Mais elle s'y trouve bien. Et l'accueil n'est pas un vain mot dans son petit hôtel-gîte d'étape de Saint-Nizier-d'Azergues. Elle sait si bien y établir le contact entre randonneurs et clientèle locale que tout le monde, en fin de compte, se plaît, des heures durant, à parler de la seule chose qui compte ici : le pays !

Pierre et Marie-Jo Viannay ont posé le sac à Saint-André-la-Côte. Durant des années, c'est la France entière qu'ils ont sillonnée en vendant... des livres ! La télévision a tué la librairie ambulante. Mais le cœur reste voyageur. Pour le plus grand bonheur des randonneurs qu'ils hébergent et auxquels ils n'ont rien de plus pressé que de chanter leur beau pays.

RANDONNEUR
MODE D'EMPLOI

Les circuits que vous propose ce guide sont le reflet de l'expérience que nous avons acquise en randonnant de la roche de Solutré, au Sud de la Saône-et-Loire, jusqu'au mont Pilat, dans la Loire. Il faut pour cela traverser les monts du Beaujolais et ceux du Lyonnais, deux régions si peu connues qu'il y est plus facile qu'ailleurs d'aller au-devant des hommes les plus passionnés par leur découverte au fil des chemins.

Il s'agit donc de la sélection très subjective que nous avons pu faire des chemins de ces régions. Une sélection qui ne prétend nullement à l'exhaustivité et qui, bien au contraire, se veut une ouverture vers l'infinie variété de la découverte des monts du Beaujolais et du Lyonnais par les chemins.

Nos cartes sont le reflet de ce choix. Elles sont faites de façon telle que vous puissiez reporter les chemins qu'elles vous indiquent sur les cartes IGN correspondantes dont nous vous indiquons toujours les références, et dont il est évident qu'elles restent le seul moyen complet de découvrir le terrain.

Les monts du Beaujolais et du Lyonnais sont de superbes régions de randonnées qui s'ignorent. Les chemins y sont nombreux et, en règle générale, en bon état. Et le relief, même s'il accuse parfois d'impressionnants dénivelés, n'a rien qui puisse faire frémir !

AT1

LES CODES — Il y a des "trucs" à savoir pour bien utiliser votre guide **RANDONNEUR.** Les codes qui identifient chaque circuit sont constitués *de la première et de la dernière lettre du nom du bourg de départ du circuit, suivies d'un numéro d'ordre.* Exceptionnellement, pour éviter les répétitions de codes pouvant être identiques, nous avons pris *la première et une lettre au hasard dans le nom du bourg de départ.* Un choix parfaitement arbitraire, qui n'a pour autre but que d'identifier les circuits et de vous indiquer clairement et sans ambiguïté les correspondances pouvant s'établir entre eux.

LES LIAISONS — Nos circuits sont à l'échelle d'une demi-journée à une journée de marche. L'espace est vaste, entre vallée du Rhône et plaine du Forez. Et vous pouvez voir monter en vous l'envie d'en faire plus et de découvrir les charmes de la "grande randonnée".

Dans cette région comme presque partout en France, le réseau de gîtes d'étape est aujourd'hui suffisamment dense et de bonne qualité pour qu'il ne soit plus nécessaire d'être un aventurier au-delà d'une journée de randonnée.

Abandonnez donc votre voiture au départ d'un de nos circuits pouvant se "mailler" avec son voisin et, **après avoir prévenu le ou les gîtes de votre arrivée (précaution indispensable)**, partez pour deux ou trois jours. Vous m'en direz des nouvelles !

Nous avons numéroté pour vous les liaisons possibles entre nos circuits. Et nous vous en faisons une description sommaire en pages 94 à 100, afin que vous puissiez les porter sur vos cartes au 1/25000e (indispensables). Originales ou suivant le tracé existant d'un GR, elles n'ont d'autre finalité que d'élargir vos possibilités de découverte du pays par les chemins.

LES BALISAGES — Vous en rencontrerez... beaucoup, de toutes les sortes et de toutes les couleurs ! Sur certains chemins, nous avons vu tomber, littéralement, les records de barbouillages de toutes sortes. Les piquets d'angle des prés en arrivent parfois à avoir tout du totem indien !

Nos circuits, quant à eux, n'ont pas de balisage spécifique. Il n'aurait fait que s'ajouter, de façon bien aléatoire, à une situation qui en arrive parfois à être littéralement anarchique ! Parmi ceux qui sont en place, il en est cependant qui pourront vous être utiles.

En tout premier lieu, bien sûr, les balises rouges et blanches des sentiers de grande randonnée, les «GR» que nous vous signalons toujours.

Le balisage jaune est encore rare, dans les monts du Beaujolais et dans ceux du Lyonnais. C'est pourtant, maintenant, la seule forme nationalement reconnue de signalisation des chemins de petite randonnée. Les balises orange, souvent placées plus haut que les autres, signalent un itinéraire équestre. Elles sont assez courantes dans cette région, et, en général, bien entretenues. Ces chemins indiqués aux cavaliers ne sont pas pour autant fermés aux piétons et aux vététistes, bien au contraire, pourvu que chacun face le petit effort de cohabitation qui permet que revive, sur ces chemins, une convivialité dont manque si souvent notre société moderne.

Que vous rencontriez des balises jaunes à hauteur d'homme ou orange, un peu plus haut, vous saurez donc que vous êtes sur un chemin... qui aboutit quelque part ! Même remarque pour le balisage de plus en plus fréquent, en Beaujolais et dans les monts du Lyonnais comme ailleurs, des itinéraires tracés pour les vététistes. Ils sont, en général, bien entretenus et les chemins portent les marques de passages répétés vous indiquant sans risque d'erreur qu'ils joignent bien un lieu à un autre.

Ce qui ne veut pas dire qu'ils vont nécessairement où nous vous emmenons. Vous aurez donc à les quitter, à un moment ou un autre, en suivant nos indications.

Et puis, bien sûr, il y a tous les autres chemins... Ils sont encore légion à ne pas être balisés ou, ce qui est peut-être pire, à continuer pour longtemps encore à porter les stigmates d'une époque qui semble avoir persisté ici plus longtemps qu'ailleurs – en admettant qu'elle soit bien révolue... – où l'on jouait à tort et à travers du pinceau et des pots de peinture. Ce n'est pas pour cela qu'ils ne sont pas praticables. Et c'est même souvent sur ceux-là que nous vous emmenons, loin des itinéraires «officiels» ou qui se voudraient tels.

Notre démarche est buissonnière avec tout le charme et le zeste d'aventure que cela implique !

L'HÉBERGEMENT — Les gîtes d'étape sont nombreux dans toute la région concernée par ce guide. Ils sont presque toujours à portée d'une petite journée de marche, quelle que soit la direction que vous prenez. Par ailleurs, les différentes formes de «tourisme à la ferme», bien développées, dans le Rhône et dans la Loire, élargissent considérablement vos possibilités d'hébergement. Pour chaque circuit, nous vous indiquons celles qui le concernent. Reportez-vous pages 11 et 12 pour en trouver la liste précise avec adresse et téléphone.

Ce dernier point est important, car leur fréquentation est très élevée durant la saison estivale, et il est indispensable de réserver à l'avance.

LE CAMPING — Si vous transportez vous-même votre hébergement, vous n'aurez aucune difficulté à trouver, dans les bourgs, les terrains et les équipements qui vous seront nécessaires.

Quant au camping sauvage, le moins qu'on en puisse dire est qu'il n'est pas recommandé. Si vous en êtes malgré tout un adepte, nous ne saurions trop vous conseiller de vous munir, à chaque fois, de l'autorisation du propriétaire du lieu. Question de correction en même temps que de sécurité.

Tous les feux sont à prohiber, aussi petits soient-ils.

Et puis, bien sûr, prévoyez le petit sachet qui remportera papiers gras, boîtes de conserve et autres déchets.

Je sais : ce n'est pas à des randonneurs qu'il faut répéter inlassablement tout cela... Et pourtant...

CAVALIERS RANDONNEURS mes frères, les monts du Beaujolais et du Lyonnais commencent à être bien organisés pour vous recevoir. Outre que les chemins et le relief se prêtent bien à votre sport favori, le réseau des gîtes équipés pour accueillir votre monture commence à s'étoffer.

Et beaucoup de ceux qui ne sont pas référencés comme tels entretiennent tout de même le petit bout de pré sur lequel votre monture pourra passer la nuit. Vous aurez peut-être plus de mal à trouver l'exacte alimentation que vous réservez habituellement à votre cheval qui devra, de ce fait, se montrer bon randonneur faisant bonne figure devant tous les menus ! Veillez pourtant bien à avertir de votre passage suffisamment à l'avance, surtout si vous êtes en groupe et aussi durant la saison estivale pendant laquelle vous n'êtes pas seul sur les chemins !

LES VÉLOS TOUT-TERRAIN — Vos joyeuses escouades de funambules des chemins sont désormais monnaie courante dans cette région comme ailleurs ! Vous avez la chance d'y trouver un réseau de chemins parfaitement adapté à la pratique du VTT et des gîtes en nombre suffisant.

L'avis liminaire que nous donnons, pour chaque circuit, aux cavaliers et aux vététistes n'est, bien sûr, qu'indicatif et ne les dispense nullement de s'assurer de l'état des chemins avant de s'engager. Les gardiens de gîtes sont, en général, d'excellent conseil en la matière.

LES CLÔTURES barrant les chemins sont quasi inexistantes dans les monts du Beaujolais et tout à fait exceptionnelles dans les monts du Lyonnais.

Ceci étant, souvenez-vous tout de même qu'une barrière, ça se referme systématiquement, quelle que soit votre opinion sur la légitimité de son existence. Il s'agit là d'un débat que vous ne trancherez pas sur place et dont il n'y a aucune raison qu'il fasse courir quelque danger que ce soit à du bétail qui n'y est pour rien !

LES HÉBERGEMENTS

Campings à la ferme

Fermes-auberges

Chambres d'hôte

Gîtes d'étape

Gîte acceptant de recevoir des chevaux — ***E***

D'UN VIGNOBLE A L'AUTRE

Avenas 69430 le Bourg
74 04 20 82 Madame Callot – ***E***
Ouroux 69860 Animation des 2 Grosnes
74 04 63 65 ou 74 04 60 26 – ***E***
Ouroux 69860 le Carruge
74 04 60 05 – Gérard Gauthier – ***E***
Ouroux 69860 château de Grosbois
74 04 63 96 – Jean-Robert Mavet – ***E***

LES MONTS DU BEAUJOLAIS

Beaujeu 69430 Morne
74 04 89 26 – Philippe et Marie Laprun
Beaujeu 69430 Régnie-Durette «la Vigneronne»
74 0435 95 – M. Dufour
Chamelet 69620 Ferme relais de la Vieille Route
74 60 12 24 – Antoine Apruzzese – ***E***
Chénelette 69430 la Nuizière-du-Bas
74 03 61 86 – Louis Prothery
Cublize 69 550 chez Bert
74 89 65 46 – Mme P. Giraud
Grandris 69870 route du Goutel
74 03 11 35 – M. Bidos
Grandris 69870 les Godillots
74 03 11 35 – Françoise et Henri Bibos – ***E***
Lamure-sur-Azergues 69870 Panissières
74 03 05 48 – maison familiale des 4 Vallées
Les Sauvages 69170 le Charpenay – hôtel de la Roche
74 89 11 83 – Victor Perroudon – ***E***
Monsols 69860 Saint-Jacques-des-Arrêts
74 04 62 91 ou 74 04 63 83 – auberge des Arrêts
Poule-les-Écharmeaux 69870 col des Écharmeaux
74 03 63 15 ou 74 03 64 48 – Madame Molette – ***E***
Ronno 69550 la Voisinée
74 89 33 83 ou 74 89 52 60 ou 74 89 32 60
Saint-Cyr-le-Chatoux 69870 Narbonne
74 60 10 77 – M. Dupouyet – ***E***
Saint-Nizier-d'Azergues 69870 hôtel du Midi
74 02 02 21 – Mme Tardivel – ***E***
Valsonne 69170 place de l'Église
74 05 12 51 – Louis Arricot – ***E***
Vaux-en-Beaujolais 69460
74 03 26 13 – Cyrille et Dominique Mingret

LA TOUR MATAGRIN

Panissières 42360 rue des Lauriers
77 28 69 68 ou 77 28 67 70 – gîte communal – ***E***
Saint-Marcel-l'Éclairé 69170 le Bourg
74 63 11 41 – Madame Perret – ***E***
Tarare 69170 route de Saint-Clément – la Nérandière
74 63 39 89 – Minouche et Gérard Goutailler – ***E***

LES MONTS DU LYONNAIS

Châtelus 42140 la Prébende
77 20 76 12 – Francis Masset – ***E***
Coise 69590 relais du Petit Coisataine
78 44 49 90 – Madame Perrin
Coise 69590 la Grande Chazotte
78 48 44 51 – Joannès Bourrin
Duerne 69850 le Bourg
78 48 54 75 – Patrick Lacrotte – ***E***
Grézieu-le-Marché 69610 le Clémençon
74 70 02 23 – Guy Nesme
La Chapelle-sur-Coise 69590 la Chavanne
78 48 45 97 – Antoine Besson
Larajasse 69590 Vaudragon
78 48 40 53 – Joseph Granjon
Les Halles 69610 GAEC la Flachardière
74 70 01 23 – M. Chapuis
Longessaigne 69770 la Grande Maison
74 26 56 58 – Claude Babor
Saint-André-la-Côte 69440 le Signal
78 81 82 81 – Pierre et Marie-Jo Viannay – ***E***
Saint-Clément-les-Places 69930 chez Henri
74 26 37 35 – Bernard Decultieux
Saint-Martin-en-Haut 69850 Layat
78 48 62 84 – Jean Chambe
Saint-Martin-en-Haut 69850 la Lienne
78 48 64 13 – Jean-Claude Chambe
Saint-Martin-en-Haut 69850 la Jeangouttière
78 48 62 95 – Robert Véricel
Saint-Martin-en-Haut 69850 les Verpillières
78 48 60 38 – Jean Poncet
Saint-Martin-en-Haut 69850 le Bois
78 48 60 83 – René Ville
Saint-Symphorien-sur-Coise 69590 château de Pluvy
78 44 53 43 – R. Bonnard
Villechenève 69770 – auberge de l'Étang
74 70 12 98 – M. et Mme Perrier

LE MASSIF DU PILAT

Echalas 69700 ferme de Préjurin
72 24 50 24 – Gaby Barbati – ***E***
Farnay 42320 Ban
77 73 33 41 – Gaston Bousquet – ***E***
La Terrasse-sur-Dorlay 42740 Avaize
77 20 95 04 ou 77 20 98 97 – Joëlle Cote
La Valla-en-Gier 42131 le moulin du Bost
77 20 06 62 – M. et Mme Faure
Le Bessat 42660 maison communale
77 20 43 90 – Véronique Pays – ***E***
Roisey 42520 la Chanterelle – Sagnemorte
74 87 47 27 – Jean-Louis Tasserie – ***E***

LÉGENDES DES CARTES

	Route ou voie forestière bitumée
	Chemin reconnu divergent de votre itinéraire
	Votre itinéraire
	Chemin non reconnu ou impraticable
	Itinéraire de liaison
	Voie ferrée
DEPART	Ici commence votre itinéraire
▲ 540	Sommet - altitude
ANOST	Bourg traversé par le circuit
Bussy	Hameau ou lieu-dit traversé par le circuit
Velée	Bourg, hameau, lieu-dit non traversé par le circuit
	Gîte d'étape, refuge
	Église - chapelle
	Cimetière
	Château - château ruiné
	Panorama
	Camping
	Zone boisée - forêt
	Pâturage - lande - zone d'élevage
	Zone de cultures
	Vignoble

DIFFICULTÉS - LES MACHETTES

Rien de plus subjectif que la notion de difficulté. Ce qui est enfantin pour certains sera inaccessible à d'autres. Nous avons essayé de nous mettre dans la peau de marcheurs moyens pour décerner ces "machettes", outils de base de tout "crapahuteur".

FACILE	Pas de problème. Accessible à tous.
	Quelques rares difficultés... pas méchantes.
	Demande déjà un peu plus d'attention et d'expérience. Souvent lié à la distance.
	Réservé aux randonneurs aguerris.

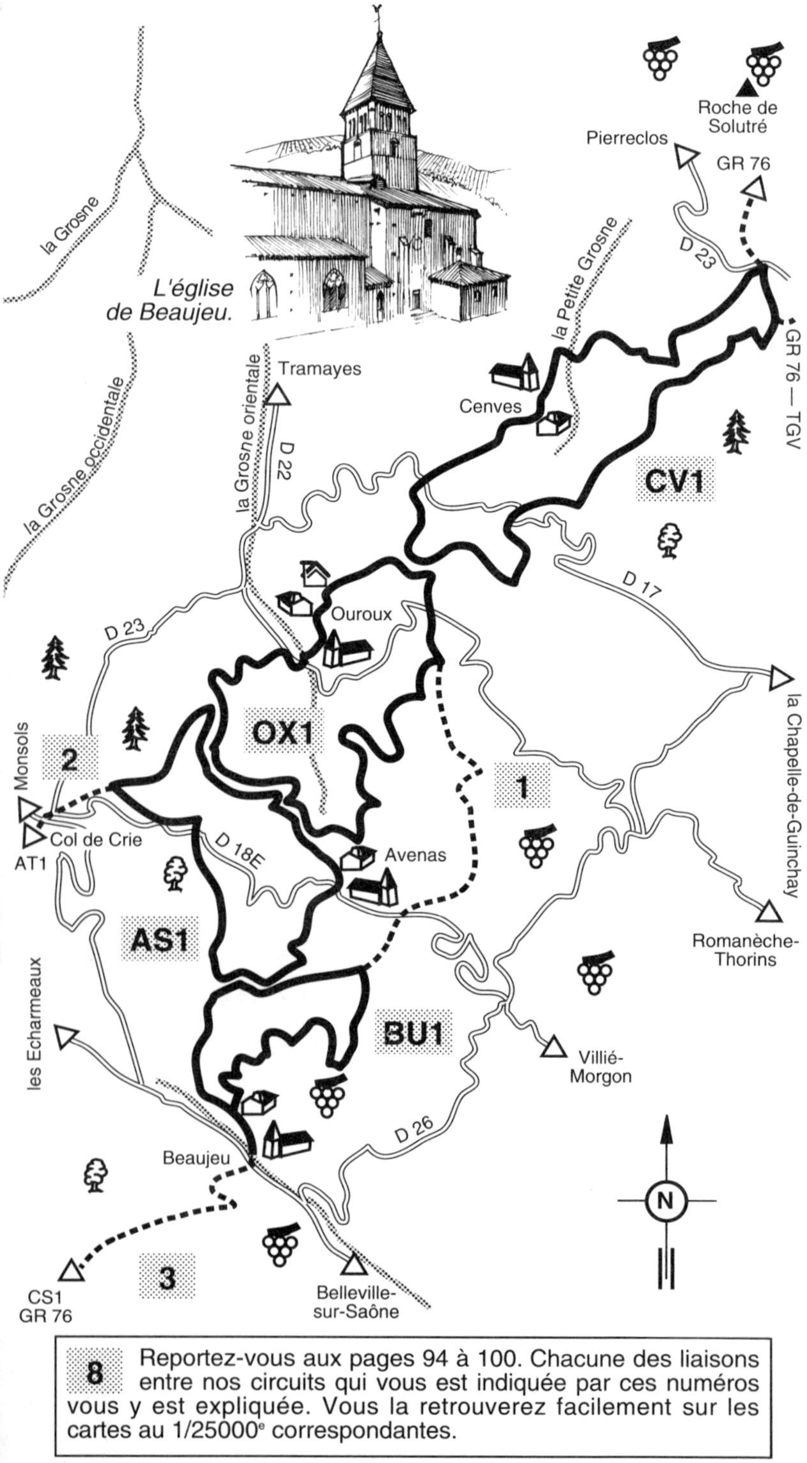

8 Reportez-vous aux pages 94 à 100. Chacune des liaisons entre nos circuits qui vous est indiquée par ces numéros vous y est expliquée. Vous la retrouverez facilement sur les cartes au 1/25000e correspondantes.

D'UN VIGNOBLE A L'AUTRE

Depuis la Grange du Bois, à vos pieds, ce seront les vignobles de Solutré, Vergisson, Pouilly, Fuissé qui dérouleront la langoureuse rigueur de leurs rangs tirés aux flancs les plus ensoleillés de douces collines.

Depuis la montagne de Rochefort, les vignes de Beaujeu vous apparaîtront comme le dernier ressac d'un flot prodigieux qui a pour nom Chiroubles, Villié-Morgon, Juliénas, Romanèche-Thorins, Brouilly...

Entre ces deux résidences parmi les plus prestigieuses de Bacchus, il vous faudra franchir le col de la Sibérie.

Hasard de la toponymie ? Pas tellement. Car le Beaujolais dont on se délecte n'existerait pas sans ces montagnes relativement rudes que vous allez courir. En accrochant à la pointe de leurs sapins tous les mauvais temps, toutes les brumes, les pluies, les grêles et les neiges qui nous viennent de l'Ouest, elles protègent le vignoble qui, à leur pied, s'étend nonchalamment au flanc des coteaux les mieux orientés.

Il n'y a pas de justice ! Car cette efficace protection ne rapporte rien à leurs auteurs. Et les monts du Beaujolais se contentent d'admirer, sans trop y participer, la fête perpétuelle dont on voudrait que les villages du vignoble, sous le prodigieux effet du jus de la treille, soient le théâtre permanent.

A peine si Gabriel Chevallier, l'auteur de *Clochemerle*, y loge, pour la commodité du texte, la cure de l'abbé Jouffe, compagnon de séminaire du curé Ponosse et comme lui confronté aux énergiques rappels à l'ordre de leur nature !

Et Dieu sait si elle est forte et exigeante, la nature, en Beaujolais ! Si bien qu'en définitive, les «monts» savent très bien se contenter de ce qu'ils sont. C'est sans la moindre arrière-pensée qu'ils laissent le tapage du premier rôle au vignoble.

La terre, mais aussi la pierre font la richesse du Beaujolais. Ici, l'autel de l'église d'Avenas.

LA SIBÉRIE

CV1

A la Grange du Bois, vous bénéficierez d'un des plus beaux points de vue que l'on puisse avoir sur la célèbre roche de Solutré. Vous lui tournerez le dos. Et devant vous s'ouvrira l'univers de la forêt. Ici commencent les monts du Beaujolais.

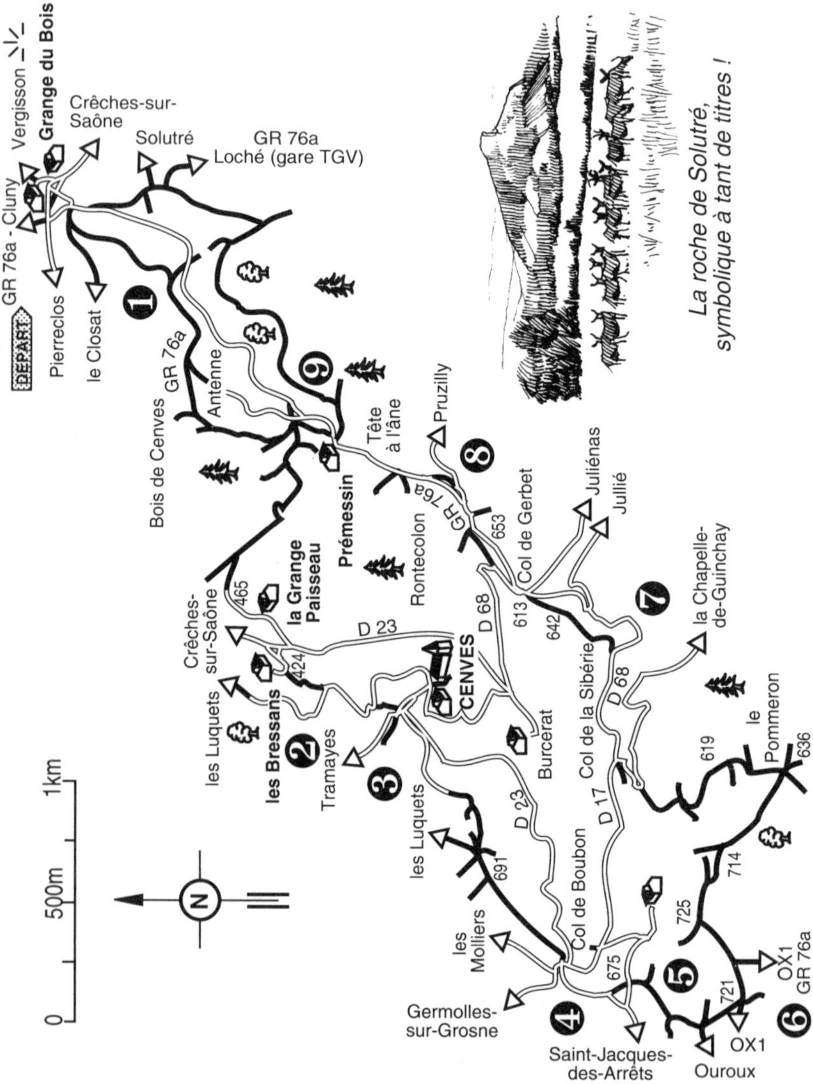

La roche de Solutré, symbolique à tant de titres !

A quelques barrières près, c'est sans problème.

Quelques passages boueux. Un peu de relief. Bref : l'idéal pour vous !

Cartes : IGN – 1/25000e – 3028 Ouest – Mâcon, 2928 Est – Cluny et 2929 Est – Beaujeu.
Commune : Cenves.
Dénivelé : 301 m.
Longueur : environ 22 km.
Temps approximatif : prévoyez la journée.

ACCÈS : La Grange du Bois se trouve très exactement sur la limite des départements du Rhône et de Saône-et-Loire. **Crêches-sur-Saône** et la N 6 sont à 10 kilomètres à l'Est, par la D 31.

DEPART Depuis la D 31, traversez **la Grange du Bois** au Sud, en montant vers les bois. Tout en haut du hameau, prenez un bon chemin à l'Ouest que suit également le GR 76a. A l'orée du bois, toujours en compagnie des balises rouges et blanches du GR, prenez à gauche, au Sud, et montez.

PARCOURS :

1 N'allez pas jusqu'au carrefour de la route de **Prémessin** et de celle de l'antenne. En atteignant le bitume, prenez à gauche, à l'Ouest, pour descendre jusqu'à la D 23. Vous quittez le GR 76a.

2 Après avoir traversé **la Petite-Grosne**, sous **les Bressans**, prenez à gauche, au Sud, un chemin dans un état moyen... En montant raide et sans quitter cette orientation, avec un bout de route, vous allez atteindre le calvaire, en haut de **Cenves**.

3 Laissez sur votre gauche la D 23 et montez par une petite route, au Sud-Ouest, qui deviendra chemin avant **les Gonons**. Vous maintiendrez cette orientation jusqu'au col de **Boubon**.

4 Suivez la petite route de **la Bachasse** au Sud sur 500 mètres. Lorsqu'elle passera au Sud-Ouest, quittez-la par la droite pour un chemin au Sud-Est. Vous allez traverser la route du **Boubon**.

5 Guère plus de 100 mètres après la route, infléchissez votre marche à droite, au Sud-Ouest. Marchez ainsi jusqu'au coin d'un pré où vous prendrez à gauche, au Sud, dans les bois.

6 Au sommet de la côte, vous avez pris à gauche, au Sud-Est. Au coin d'une sapinière, prenez à nouveau à gauche, au Nord-Est. Dans les prés que vous allez atteindre, vous obliquerez à l'Est puis à l'Est Sud-Est. A nouveau dans les bois, faites ainsi environ 800 mètres en descendant. Vous débouchez alors sur une grande friche, à votre droite. Longez-la sur quelques dizaines de mètres puis prenez à gauche, au Nord, vers le col de **la Sibérie**.

7 Après 1 bon kilomètre sur la D 68, en direction de **Jullié**, prenez un chemin à votre gauche, à l'Est puis au Nord Nord-Est. Bien qu'en mauvais état, il vous fera rejoindre le col de **Gerbet**. Vous prendrez la D 68 en direction de **Cenves**, sur guère plus de 200 mètres, puis un chemin à droite, au Nord-Est, qui vous fera rejoindre la route de **Prémessin** (attention aux barrières).

8 Pour éviter une bonne longueur de bitume, prenez la route de **Pruzilly**, puis le premier chemin sur votre gauche, au Nord, qui vous fera rejoindre la route de **Prémessin**.

9 Après la ferme de **Prémessin**, prenez le premier chemin à votre droite. Direction générale Nord-Est, malgré quelques mauvais passages, ne le quittez plus jusqu'à ce qu'il soit passé sous deux lignes à haute tension. Au Sud-Est, faites encore 200 mètres après la seconde avant de prendre à gauche, au Nord. Ne quittez plus cette orientation. Vous êtes à 1 500 mètres environ de **la Grange du Bois.**

LA GROSNE ORIENTALE

OX1

Il est essentiel, au Nord des monts du Beaujolais, de ne pas se perdre dans les Grosnes ! Il y en a quatre, pas une de moins ! Celle qui nous concerne aujourd'hui ira rejoindre la Saône près de Chalon après avoir flâné dans tout le Clunisois, avec la Grosne occidentale et la Grosne tout court, alors que la Petite-Grosne, modeste, s'est empressée d'aller se fondre à la Saône en aval de Mâcon.

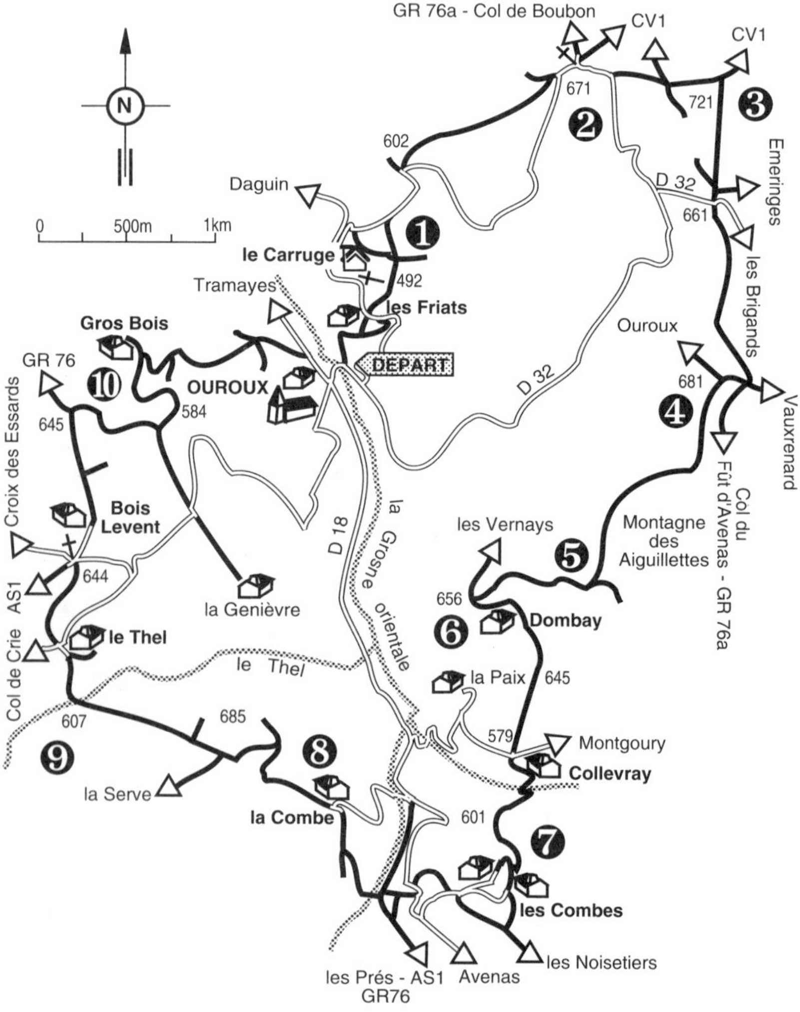

De très beaux chemins où vous serez très à l'aise.

Une promenade de santé non sans la diversité que vous appréciez.

Cartes : IGN – 1/25000e – 2929 Est – Beaujeu.
Commune : Ouroux.
Dénivelé : 272 m.
Longueur : environ 18 km.
Temps approximatif : une petite journée fera l'affaire.

ACCÈS : Depuis **Belleville-sur-Saône**, vous prendrez la direction de **Villié-Morgon**. Par la D 18 vous traverserez tout le vignoble. Vous gagnerez **Avenas** où, toujours par la D 18, vous trouverez sur votre droite la direction d'**Ouroux** (24 kilomètres).

DEPART Depuis le bourg d'**Ouroux**, traversez **la Grosne orientale** par la D 32. Juste après le pont, prenez à gauche le chemin des **Friats**. A l'entrée du hameau, prenez à nouveau à gauche et montez au Nord Nord-Est.

PARCOURS :

1 Laissez **le Carruge** (gîte d'étape) sur votre gauche et continuez de monter jusqu'à la route du col de **Boubon**. Suivez-la au Nord-Est sur environ 500 mètres. Dans le premier lacet, quittez-la au Nord-Est, à gauche, pour monter dans les bois.

2 Dépassez l'abri en bois et suivez la route à l'Est sur environ 200 mètres. Elle va tourner au Sud. Vous la quitterez alors par la gauche, à l'Est, en compagnie du GR 76a.

3 Vous êtes monté dans les bois, à l'Est, sur environ 700 mètres. Toujours avec le GR 76a, prenez alors à droite, au coin d'un bois de sapins. Vous rencontrez là très brièvement notre circuit **CV1**.

4 Marchant au Sud, vous avez traversé la D 32 et continué de monter. Faites encore 1 bon kilomètre avant d'atteindre une sorte de col. Le GR 76a continue tout droit. Vous prenez à votre droite, à l'Ouest, en direction d'**Ouroux**. Vous faites quelques dizaines de mètres et vous prenez à gauche, au Sud.

5 Faites ainsi environ 2 kilomètres au flanc Est de la montagne des **Aiguillettes**. Lorsque vous butez sur un chemin perpendiculaire au vôtre, vous le prenez à droite, à l'Ouest.

6 Avant **Dombay**, vous avez pris une bonne piste sur votre gauche. Après la ferme, vous marcherez au Sud pour rejoindre **les Combes** par **Collevray**.

7 Quittez **les Combes** à l'Ouest. A 200 mètres du hameau, prenez à votre droite un chemin qui vous fera rejoindre la D 18. Maintenez une orientation Est pour traverser à gué **la Grosne orientale**. Puis votre chemin viendra au Nord, jusqu'à **la Combe**.

8 Quittez le bitume par la gauche, au Nord-Ouest. Dans les prés, votre chemin va venir au Nord. Il va monter à la corne d'un bois. Vous prendrez à votre gauche, à l'Ouest. Vous suivrez la lisière du bois sur à peine 200 mètres avant de retrouver une orientation Nord-Ouest, dans les bois.

9 Après avoir traversé le ruisseau du **Thel**, vous prenez une orientation Nord. Par **Bois Levent**, vous allez la tenir sur près de 2 kilomètres. Vous prendrez alors le premier chemin à votre droite après que vos ayez rejoint les bois. Il vous fera descendre jusqu'à la piste du château de **Gros-Bois** que vous prendrez sur votre gauche.

10 Juste avant d'atteindre le château, prenez un chemin à votre droite, à l'Est. Il va longer le mur du château et descendre jusqu'à votre point de départ d'**Ouroux**.

LA MONTAGNE DE ROCHEFORT

AS1

La vigne, la montagne et la forêt intimement imbriquées forment cet étonnant pays de contraste. De la croix qui se dresse au sommet de la montagne de Rochefort, vous aurez une des plus belles vues qui puisse se concevoir d'un des plus beaux vignobles qui soient : celui du Beaujolais.

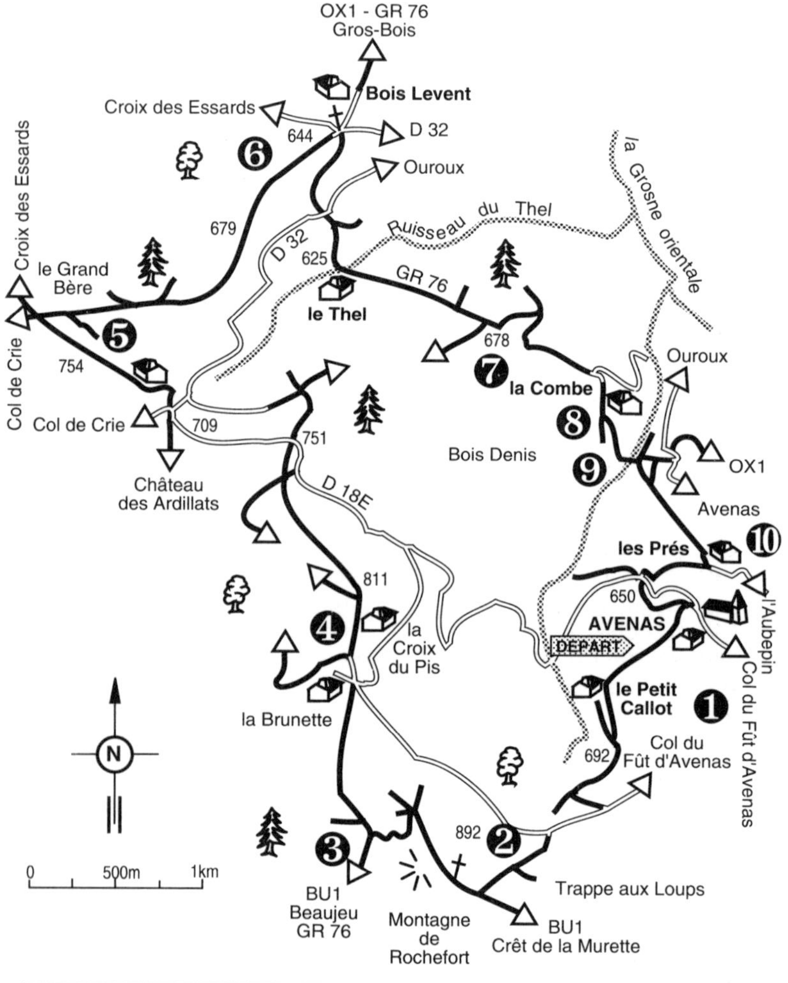

Cartes : IGN – 1/25000ᵉ – 2929 Est – Beaujeu.
Commune : Avenas.
Dénivelé : 345 m.
Longueur : environ 16 km.
Temps approximatif : une grosse demi-journée.

Un circuit relativement raide mais sans réelle difficulté.

Certes, il faudra de bons mollets. Mais ça vaut la peine !

ACCÈS : Depuis **Belleville-sur-Saône**, vous prendrez la direction de **Villié-Morgon**. Par la D 18 vous traverserez tout le vignoble. Vous gagnerez le col du **Fût d'Avenas**, puis **Avenas** en 19 kilomètres.

DEPART A l'Ouest d'**Avenas**, traversez la D 18E et prenez une bonne piste qui va venir au Sud-Ouest pour monter vers **le Petit Callot** avant lequel elle prendra une orientation Sud.

PARCOURS :

1 Continuez de monter au Sud sans venir jusqu'au hameau. Votre chemin va prendre une orientation Sud-Ouest qu'il ne quittera pratiquement plus jusqu'au sommet.

2 En atteignant la crête, prenez à droite, au Nord-Ouest. Vous allez atteindre la croix et le vaste panorama s'étendant à son pied. Avec le GR 76, continuez au Nord-Est sur 600 mètres environ. Vous aurez ensuite à revenir au Sud sur environ 300 mètres pour trouver, toujours avec les balises rouges et blanches du GR 76, un petit chemin plongeant très raide à l'Est.

3 Lorsque, après cette rude descente, vous débouchez sur un bon chemin orienté Nord-Sud, le GR 76 part à gauche, au Sud. Vous prenez à votre droite, au Nord, pour gagner **la Brunette**.

4 Maintenez une orientation Nord puis Nord Nord-Ouest pour rejoindre la D 18E. Prenez-la à votre gauche, à l'Ouest. Au carrefour de la D 32, traversez cette dernière. Votre chemin part au Nord, s'oriente à l'Ouest pour passer entre des bâtiments puis reprend une orientation Nord-Ouest qu'il va suivre sur plus de 800 mètres, jusqu'au **Grand Bère**.

5 Il s'agit d'un grand carrefour en plein bois où vous prendrez à droite, à l'Est. Vous ferez ainsi 1 bon kilomètre avant de vous orienter progressivement au Nord-Est.

6 A **Bois Levent**, vous retrouverez notre circuit **OX1** avec lequel vous allez marcher jusqu'à **la Grosne orientale**. Marchant au Sud, traversez la D 32 au **Thel**. Descendez jusqu'au ruisseau du même nom et, en le traversant, infléchissez votre marche à l'Est Sud-Est. Marchez ainsi sur 1 bon kilomètre.

7 En atteignant la lisière du bois, longez-la, à l'Est, sur environ 200 mètres. Puis prenez à droite, au Sud, à la corne du bois. Votre chemin va traverser les prés avant de revenir au Sud-Est pour rejoindre **la Combe**.

8 Prenez le bitume à votre droite. Il va presque aussitôt se transformer en un chemin que vous suivrez au Sud, sur guère plus de 100 mètres, avant d'obliquer à gauche, au Sud-Ouest.

9 Tout de suite après avoir traversé **la Grosne orientale**, **OX1** vous quitte par la gauche. Vous continuez au Sud-Est, jusqu'aux **Prés**.

10 En arrivant au hameau, prenez à droite, à l'Ouest. Et montez jusqu'à la D 18E qu'il vous suffira de traverser pour trouver au Sud, puis à l'Est, un chemin qui vous ramènera à **Avenas**, votre point de départ.

LE VIGNOBLE DE BEAUJEU

BU1

Pour un peu, on se croirait en montagne ! Mais une bien douce montagne à la vallée tapissée d'un si beau vignoble. La large et profonde vue que vous en aurez, de là-haut, vous récompensera largement du souffle qu'il vous aura fallu dépenser pour y monter !

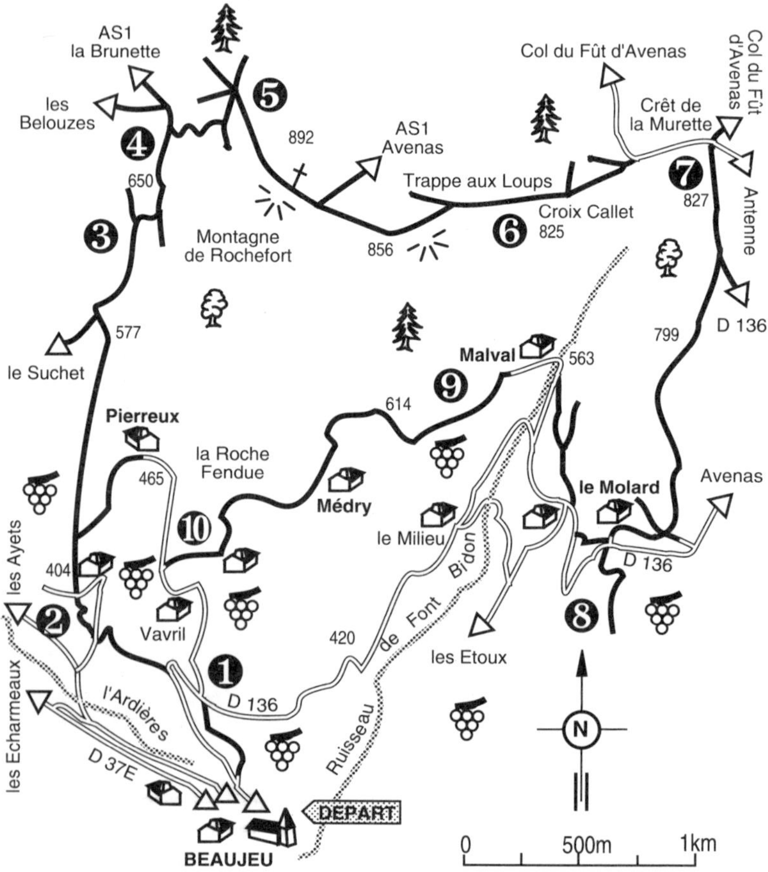

Cartes : IGN – 1/25000ᵉ – 2929 Est – Beaujeu.
Commune : Beaujeu.
Dénivelé : 570 m.
Longueur : environ 18 km.
Temps approximatif : compte tenu du dénivelé, réservez-lui donc votre journée !

Bien sûr, ça passe. Mais c'est raide !

Réservé aux gros mollets ! Mais ceux-là vont se régaler.

ACCÈS : Beaujeu se trouve sur la D 37 qui joint **Belleville-sur-Saône** (12 kilomètres) au col des **Écharmeaux** (16 kilomètres) d'où, par la D 985, **Chauffailles** est encore à 13 kilomètres.

DEPART Dans **Beaujeu**, vous prendrez la D 136, en direction d'**Avenas**. A la hauteur des dernières maisons du bourg, vous la quitterez, par la droite, pour un chemin montant dans les vignes, au Nord. Ce chemin est également suivi par le GR 76 dont les balises blanches et rouges vont vous accompagner jusqu'à la croix **Callet**.

PARCOURS :

❶ Votre chemin retrouve la D 136 dont il a, en fait, coupé un lacet. La petite route de **Pierreux**, en face de vous, sera celle de votre retour. Prenez la D 136 à votre gauche. Redescendez vers **Beaujeu** sur un peu plus de 200 mètres. Et, dans le lacet, continuez tout droit par un bon chemin entre les vignes, à l'Ouest.

❷ Après avoir franchi le lit (souvent à sec) d'un petit ruisseau, votre chemin a atteint une petite route. Prenez-la à votre droite et, presque aussitôt à gauche, prenez un chemin montant au Nord, entre les vignes.

❸ Vous avez largement dépassé le vignoble. Votre chemin s'est légèrement infléchi au Nord-Est en entrant dans les bois. Il grimpe toujours aussi raide. Avec les balises rouges et blanches du GR 76, ne manquez pas ce sentier à votre droite montant pleine pente. Il va vous faire rejoindre un autre chemin, au-dessus de vous, que vous prendrez à votre gauche, encore au Nord.

❹ A nouveau, il vous faut, avec le GR 76, prendre à droite et monter un petit sentier très raide, à l'Ouest. Il est très étroit mais les traces sont évidentes. Vous trouvez là notre circuit **AS1**.

❺ En débouchant sur un chemin perpendiculaire au vôtre, prenez à gauche, au Nord. Faites guère plus de 150 mètres. Vous atteignez un grand carrefour à cinq branches. Prenez le chemin de droite, au Sud Sud-Est, qui va vous faire suivre la crête de la montagne de **Rochefort**.

❻ **AS1** vous a quitté par la gauche, peu après le panorama de la croix. A **la Trappe aux Loups**, votre chemin est venu à l'Est Nord-Est. Continuez ainsi jusqu'à la croix **Callet**. Mais, lorsque le GR 76 bifurque à gauche, presque au Nord, continuez tout droit sans quitter notre orientation Est Nord-Est. Vous atteindrez la route de l'antenne 300 mètres plus loin.

❼ Suivez la route, à l'Ouest, sur environ 300 mètres et prenez un chemin à droite, au Sud. En suivant un épaulement, vous descendrez jusqu'au **Molard**, en 2 bons kilomètres, toujours au Sud.

❽ Depuis la petite route, un chemin vous fera couper le lacet de la D 136. Vous la suivrez au Nord-Ouest jusqu'à un carrefour où vous prendrez un chemin à droite pour marcher à flanc de coteau jusqu'à **Malval**, au Nord Nord-Ouest.

❾ Traversez **Malval** à l'Ouest. Le chemin va devenir piste. Par **Médry**, vous allez la suivre sur près de 3 kilomètres, jusqu'à la route de **Pierreux**.

❿ Vous la prendrez à votre droite, au Sud. A travers les vignes, par **Vavril**, vous rejoindrez la D 136 qu'il vous suffira de traverser pour retrouver le chemin par lequel vous êtes parti et qui descend vers le bourg de **Beaujeu**.

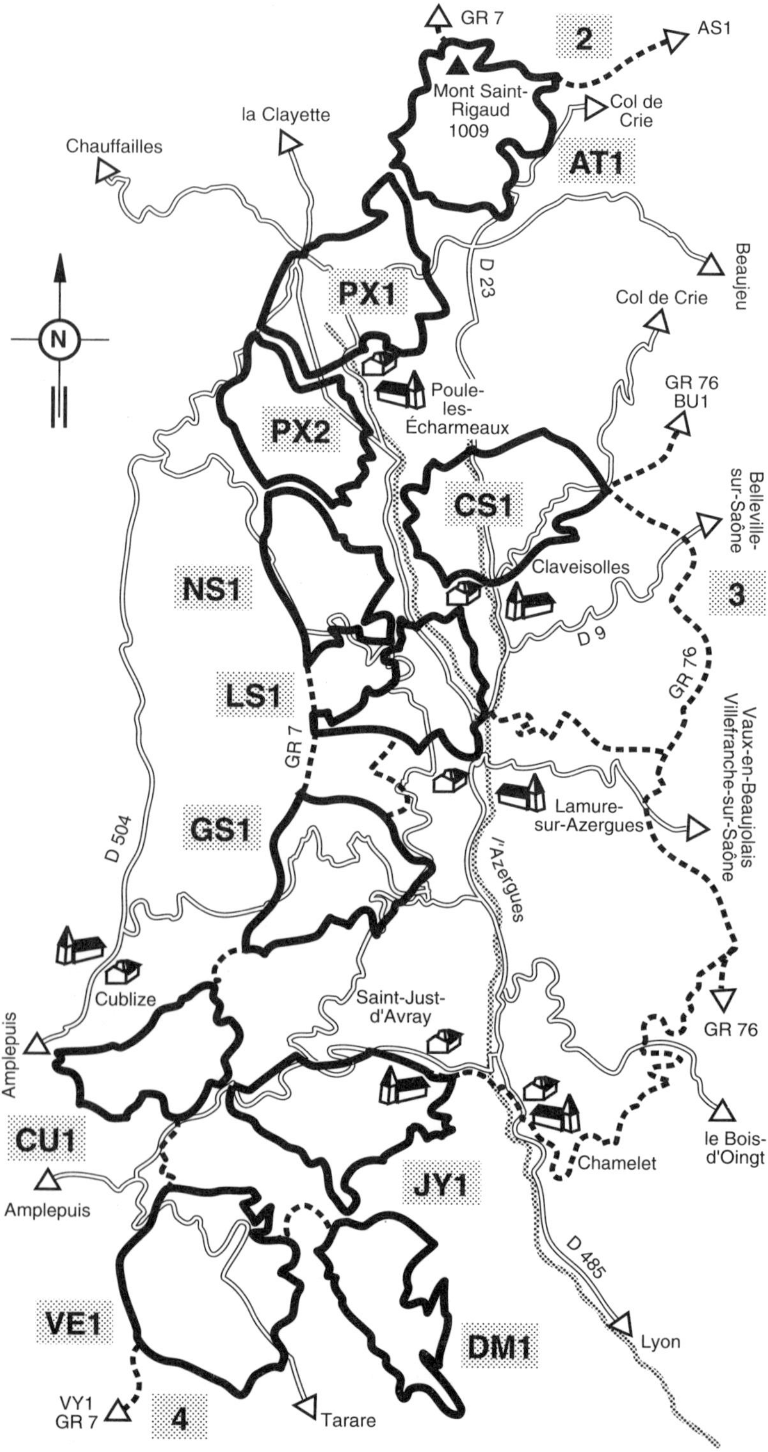
GR 7
AS1
2
Mont Saint-Rigaud
1009
Col de Crie
AT1
la Clayette
Chauffailles
Beaujeu
D 23
PX1
N
Col de Crie
Poule-les-Écharmeaux
GR 76
BU1
PX2
CS1
Belleville-sur-Saône
Claveisolles
NS1
3
D 9
LS1
GR 76
GR 7
Vaux-en-Beaujolais
Villefranche-sur-Saône
Lamure-sur-Azergues
GS1
D 504
l'Azergues
Cublize
Saint-Just-d'Avray
GR 76
Amplepuis
le Bois-d'Oingt
CU1
Chamelet
JY1
Amplepuis
D 485
VE1
DM1
Lyon
VY1
GR 7
4
Tarare

Jadis, par Chauffailles, le col des Echarmeaux et la vallée de l'Azergues, les éleveurs du Brionnais descendaient leurs bœufs de Charolais, engraissés sur leurs «embouches», jusqu'aux marchés lyonnais.

Quotidiennement, c'étaient des troupeaux entiers qui suivaient ainsi la route de l'Azergues. Et l'on imagine l'animation comme les encombrements que cela pouvait provoquer.

Il est vrai que les chambres froides et plus encore les transports frigorifiques sont des inventions modernes. Il fallait donc, jusqu'à un passé relativement récent, que le ravitaillement en viande des grandes villes vînt jusqu'à elle... par ses propres moyens !

L'ouverture de la voie ferrée de Lamure à Paray-le-Monial, en 1900, a, bien sûr, fait disparaître des routes ces voyageurs comme bien d'autres. Ce fut de l'animation et du commerce en moins dont il reste, tout de même, une tradition de l'accueil et de la restauration que vous apprécierez probablement !

8 Reportez-vous aux pages 94 à 100. Chacune des liaisons entre nos circuits qui vous est indiquée par ces numéros vous y est expliquée. Vous la retrouverez facilement sur les cartes au 1/25000[e] correspondantes.

LE MONT SAINT-RIGAUD

AT1

Le mont Saint-Rigaud, de ses 1009 mètres, domine tous les monts du Beaujolais. Il faut y avoir vu, par beau temps, le noir manteau des sapins de Douglas qui ont colonisé la région et qui ondoient jusqu'à la tour Matagrin, au-dessus de Tarare (notre circuit VY2, page 54), au-delà de laquelle s'ouvrent les monts du Lyonnais.

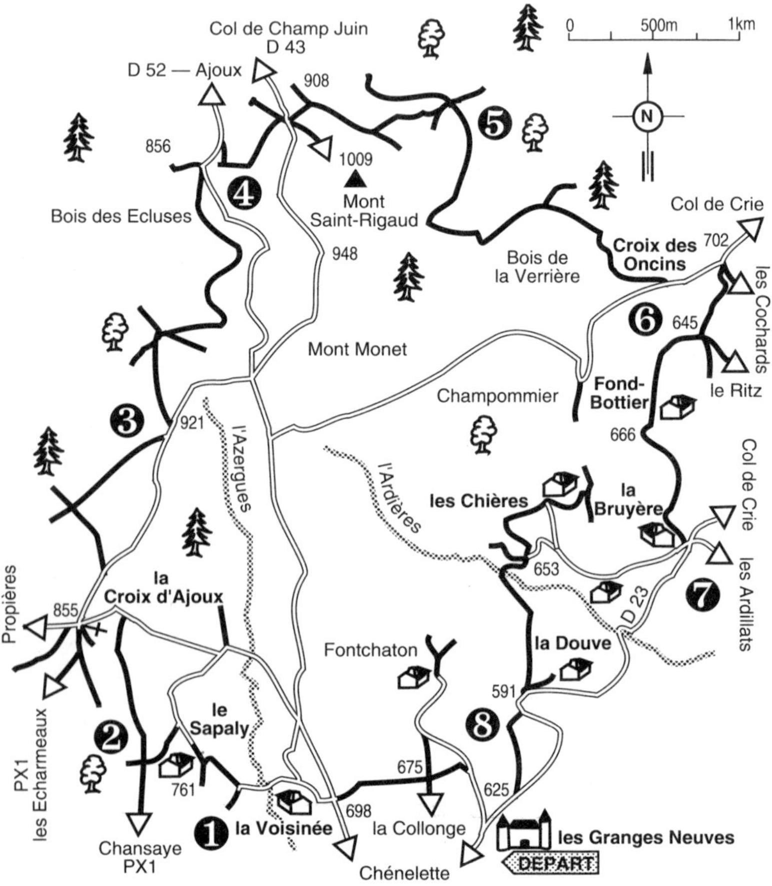

Cartes : IGN – 1/25000e – 2929 Ouest – Chauffailles et 2929 Est – Beaujeu.
Commune : les Ardillats.
Dénivelé : 350 m.
Longueur : environ 17 km.
Temps approximatif : une bonne demi-journée fera l'affaire.

Attention aux barrières dans la partie Est du circuit.

Un circuit très vallonné et moyennement accidenté, comme vous les aimez.

ACCÈS : Le départ se prendra depuis **les Granges Neuves**, sur la D 23. Le col de **Crie** est à 6 kilomètres au Nord-Ouest. Et **Lamure-sur-Azergues** est à 15 kilomètres au Sud, par **Chénelette**, sur la D 37, qui est à 1 kilomètre au Sud-Ouest, à 5 kilomètres à l'Est du col des **Echarmeaux**.

DEPART Quittez **les Granges Neuves** et la D 23 par la petite route de **Fontchaton**, au Nord Nord-Ouest. Faites environ 300 mètres tout droit. Puis, avant que la route ne s'engage dans une boucle à gauche, prenez sur votre gauche un chemin à l'Ouest par lequel vous gagnerez **la Voisinée**.

PARCOURS :

1 Marchant toujours à l'Ouest, allez jusqu'au bout du bitume et, juste après les maisons, prenez un chemin à droite, au Nord-Ouest. Au **Sapaly**, vous suivrez le bitume sur 100 mètres à peine, après le hameau, et vous monterez à gauche, au Sud-Ouest.

2 Au premier carrefour, vous prendrez à votre droite, au Nord, pour gagner la route de **la Croix d'Ajoux**, en 1 kilomètre. Vous la prendrez à gauche pour gagner le carrefour où vous prendrez à droite, au Nord-Est, la route du col de **Champ Juin**. Vous pourrez éviter près de 1 kilomètre de bitume en descendant à gauche, au Nord-Ouest, 400 mètres après le carrefour. Vous ferez ainsi environ 600 mètres puis vous prendrez à droite, au Nord-Est.

3 En atteignant la route, vous la quittez à nouveau, presque aussitôt, par la gauche, au Nord Nord-Ouest. Dès lors, en marchant globalement au Nord, vous allez zigzaguer au flanc du coteau sur près de 4 kilomètres.

4 En atteignant la route d'**Ajoux**, prenez-la à gauche, au Nord. Faites quelques dizaines de mètres et prenez à votre droite un chemin grimpant très raide d'abord au Sud, puis à l'Est, puis au Nord-Est. Maintenez cette direction en traversant la route du col de **Champ Juin**. Faites encore 200 mètres et prenez à droite, au Sud-Est. Faites environ 500 mètres, pluis obliquez à gauche, à l'Est.

5 Cette bonne piste à votre droite, d'abord au Sud puis à l'Est, vous fera gagner la croix des **Oncins** en plus de 3 kilomètres.

6 Vous avez retrouvé une route à 400 mètres du col de la croix des **Oncins**. Dans le col, des deux chemins qui se présentent, à droite de la route, prenez celui de droite, au Sud. Faites environ 600 mètres en descendant et obliquez à droite, à l'Ouest, pour rejoindre **Fond-Bottier** où vous reprendrez une orientation Sud. Vous la tiendrez jusqu'à **la Bruyère**.

7 Gagnez **les Chières**, à l'Ouest, par le bitume. Vous retrouverez le chemin après le hameau. Il se réorientera vite au Sud pour descendre vers **la Douve**.

8 Toujours au Sud, suivez la D 23 sur une petite centaine de mètres et, à la sortie de la grande boucle qu'elle forme là, prenez un chemin montant à droite. D'abord Sud-Ouest, il va vite revenir au Sud pour gagner votre point de départ des **Granges Neuves**.

LA ROCHE D'AJOUX

PX1

Avant de partir, allez donc observer la statue de Napoléon, dans le carrefour des Echarmeaux. Observez-la bien. Outre les candides fautes d'orthographe du commentaire, elle recèle une anomalie qui en fait un cas unique, à notre connaissance, parmi les très nombreuses statues de l'Empereur. Cherchez bien ! (voir page 107)

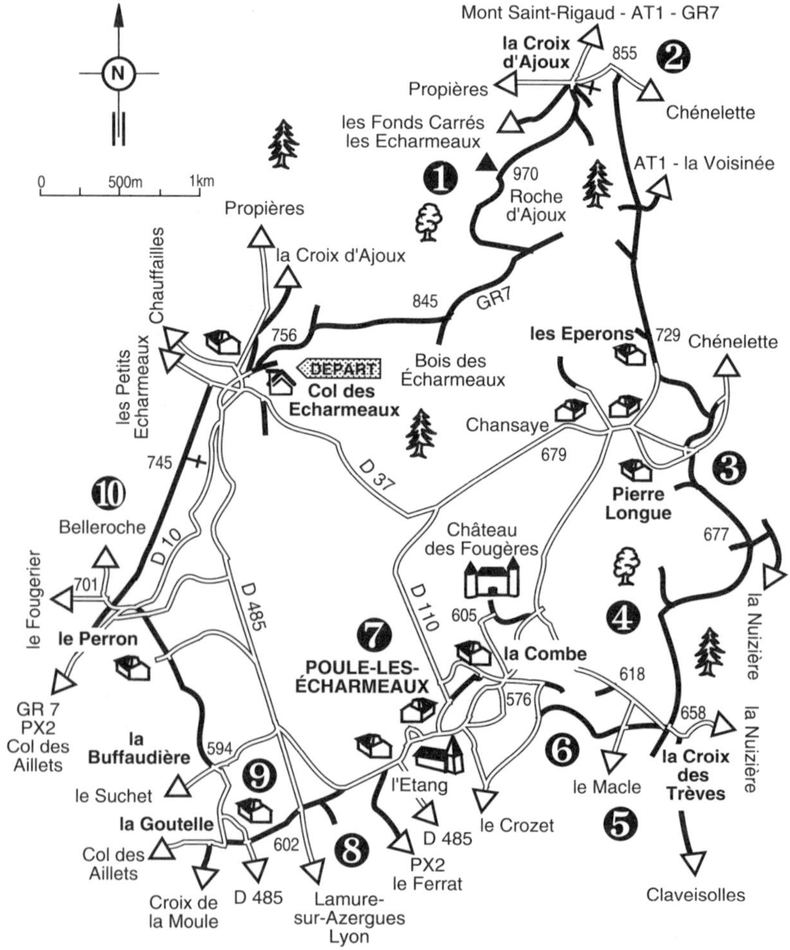

Cartes : IGN – 1/25000e – 2929 Ouest – Chauffailles.
Commune : Poule-les-Échermeaux.
Dénivelé : 425 m.
Longueur : environ 17 km.
Temps approximatif :
prévoyez une bonne demi-journée.

De bons chemins pour de bonnes allures.

Le dénivelé important ne doit pas vous retenir. Il est très progressif.

ACCÈS : Lieu de passage fort ancien, le col des **Echarmeaux**, sur la D 485, se trouve à 64 kilomètres au Nord-Ouest de **Lyon** et à 13 kilomètres au Sud-Est de **Chauffailles**. Par la D 37, **Belleville-sur-Saône** est à 29 kilomètres à l'Est.

DEPART Depuis le rond-point au milieu duquel se dresse la surprenante statue de Napoléon, prenez la direction de **Chauffailles** et, tout de suite à droite, au Nord-Est, une petite rue qui va devenir chemin. Vous marchez en compagnie des balises rouges et blanches du GR 7.

PARCOURS :

1 Jusqu'à **la Croix d'Ajoux**, dans les bois, vous tiendrez une orientation générale Nord-Est, à l'exception d'une large boucle à l'Ouest que vous décrirez avant d'atteindre le sommet de la roche d'**Ajoux**.

2 A **la Croix d'Ajoux**, le GR 7 continue tout droit, au Nord. Mais vous rencontrez là notre circuit **AT1**. Depuis la route de **Chénelette** que vous avez suivi, à l'Est, sur environ 300 mètres, prenez à droite, au Sud. Sur plus de 2 kilomètres, vous allez descendre pour rejoindre **les Eperons** puis **Pierre Longue**.

3 Traversez la D 37 en laissant la scierie sur votre droite. Marchez au Sud sur guère plus de 200 mètres. Puis infléchissez votre marche à gauche, au Sud-Est.

4 Vous avez contourné un mamelon que vous avez laissé sur votre droite. Après être venu progressivement à l'Ouest et avoir tenu cette orientation sur environ 700 mètres, votre chemin s'oriente au Sud pour descendre jusqu'à **la Croix des Trèves**.

5 En atteignant la route, prenez-la à votre droite, au Nord-Ouest. Faites quelques dizaines de mètres et prenez un chemin à gauche, à l'Ouest.

6 Vous avez traversé une route. Votre chemin, en suivant le coteau, a fait une boucle au Nord. Et vous atteignez une seconde route que vous prenez à votre droite. Au Nord puis à l'Ouest, suivez cette route jusqu'à **la Combe**.

7 Dans le hameau, prenez, à votre gauche, un chemin au Sud-Ouest par lequel vous gagnerez rapidement **Poule-les-Écharmeaux**. Traversez le bourg en suivant la D 110 au Sud-Ouest. A la scierie, lorsque celle-ci tourne au Sud, continuez tout droit.

8 Tenez cette orientation Sud-Ouest lorsque la route remonte au Nord-Ouest. Vous rejoindrez ainsi la D 485 (malgré une partie du chemin bouchée que vous contournerez) que vous traverserez pour descendre vers **la Goutelle** par un sentier un peu embroussaillé et étroit.

9 Montez au Nord, par le bitume, jusqu'à **la Buffaudière**. Traversez le carrefour de la route du **Suchet** et prenez le chemin, entre les prés. Il va passer à proximité du puits d'aération du tunnel de chemin de fer. Vous le verrez sur votre droite.

10 Traversez le carrefour du **Perron** au Nord-Ouest. Prenez la D 50a en direction de **Belleroche**. Et quittez-la presque tout de suite par la droite, au Nord Nord-Est, pour une excellente piste rectiligne que suit également le GR 7 et par laquelle vous allez rejoindre sans problème le col des **Echarmeaux**.

LE COL DES AILLETS

PX2

Tout en haut de la vallée de l'Azergues, les monts du Beaujolais forment une sorte de grand cirque au fond duquel Poule-les-Écharmeaux s'est nichée. C'est le versant occidental de ce cirque que vous allez courir, avec, parfois de là-haut, de larges vues sur la plaine voisine du Forez.

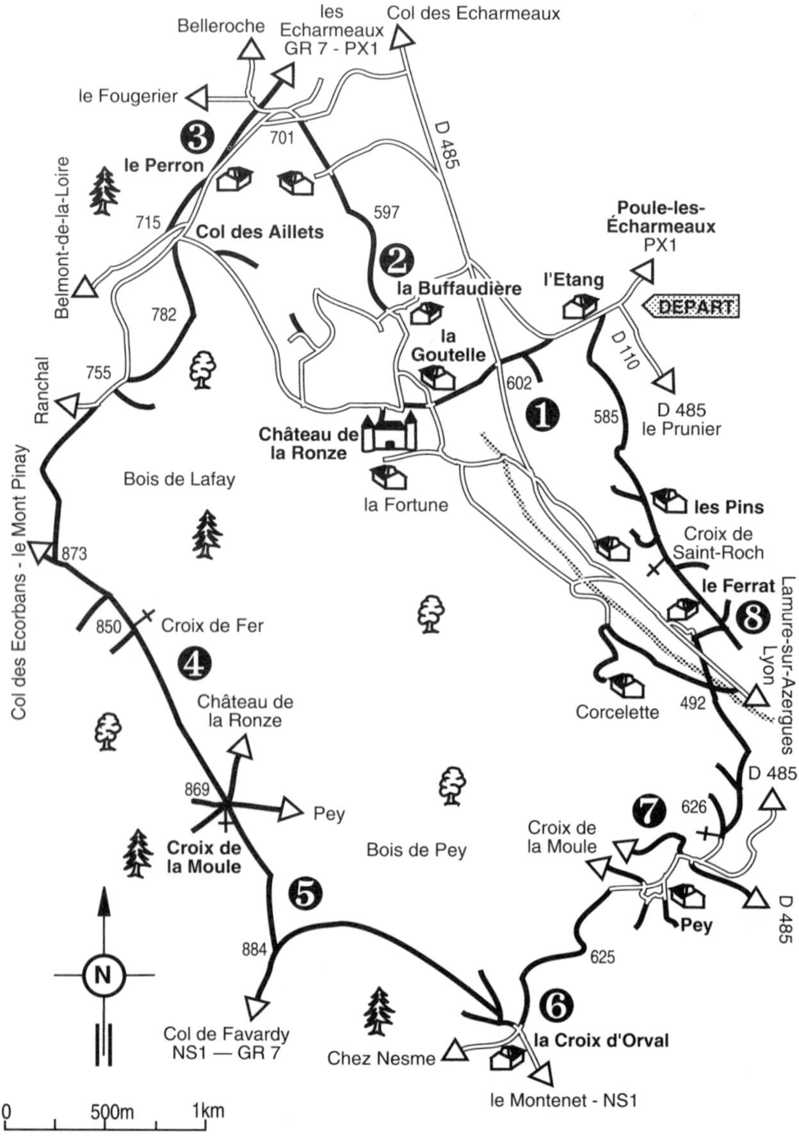

Cartes : IGN – 1/25000e – 2929 Ouest – Chauffailles.
Commune : Poule-les-Écharmeaux.
Dénivelé : 408 m.
Longueur : environ 16 km.
Temps approximatif :
cinq bonnes heures ne seront pas de trop.

FACILE

Votre monture l'appréciera autant que vous.

Vous pourrez vous y exprimer totalement.

ACCÈS : Poule-les-Écharmeaux se trouve sur la D 110, légèrement à l'écart, à l'Ouest de la D 485, à 3 kilomètres sous le col des **Echarmeaux** d'où **Chauffailles**, au Nord-Ouest, est à 13 kilomètres. Au Sud-Est, **Lyon** est à 60 kilomètres et, à l'Est, **Belleville-sur-Saône** est à 29 kilomètres par la D 37.

DEPART Au carrefour de **l'Etang**, à la sortie Sud-Est de **Poule-les-Écharmeaux**, à la scierie, juste après le pont sur **l'Azergues**, quittez la D 110 au Sud-Ouest, par une petite route qui ne va pas tarder à s'engager dans une large courbe qui la fera venir au Nord-Ouest. A l'entrée de la courbe, vous continuerez tout droit, au Sud-Ouest, en montant dans le bois. Vous marchez avec notre circuit **PX1**.

PARCOURS :

❶ La sortie du chemin de **l'Etang** sur la D 485 est embroussaillée. Il vous faut la contourner en longeant la haie. Traversez la D 485 et, toujours au Sud-Ouest, descendez vers **la Goutelle** par un chemin un peu étroit et hirsute mais qui passe !

❷ Montez par la route jusqu'à **la Buffaudière**. Traversez le carrefour et continuez, entre les prés, au Nord Nord-Ouest. Vous allez passer près de la cheminée d'aération du tunnel ferroviaire que vous verrez sur votre droite.

❸ Au carrefour du **Perron**, **PX1** vous quitte pour monter vers le col des **Echarmeaux** avec le GR 7. Vous lui tournez le dos en prenant un chemin à gauche de la D 50a que suit également le même GR 7. Vous allez longuement marcher en sa compagnie.

❹ En suivant la crête qui domine la vallée des **Echarmeaux**, à votre gauche, et, plus lointaine, la plaine du **Forez**, à votre droite, vous marchez vers le Sud par le col des **Aillets**, la croix de **Fer** et la croix de **la Moule**, toujours en compagnie des balises rouges et blanches du GR 7.

❺ Environ 800 mètres après le carrefour de la croix de **la Moule**, prenez à gauche, à l'Est. En vous engageant dans cette sorte de petit col, vous quittez le GR 7 qui continue au Sud. Vous allez vous engager dans la descente vers **la Croix d'Orval** en infléchissant votre marche au Sud-Est.

❻ En arrivant sur le chemin de **la Croix d'Orval** que vous laissez sur votre droite, prenez à gauche, au Nord Nord-Est, cette bonne piste par laquelle vous allez gagner **Pey**.

❼ Traversez le hameau de **Pey** au Nord-Est. Montez jusqu'à la croix par le bitume. Prenez le chemin de droite, toujours au Nord-Est, pour gagner la D 485. Montez au **Ferrat**.

❽ Traversez le hameau et continuez par un chemin à l'Est. Faites ainsi environ 150 mètres et prenez à gauche, au Nord Nord-Ouest. Ne quittez plus cette direction. Ce chemin va vous reconduire directement, en 2 kilomètres, au carrefour de **l'Etang**.

LA CROIX DE L'ALLIER

CS1

Comme il y a 4 Grosnes, jusqu'à Lamure où elles se confondent, il y a 2 Azergues, «l'occidentale» et «l'orientale» ! Et c'est de part et d'autre de la vallée de l'Azergues «orientale» naissante que ce circuit vous propose cette belle promenade.

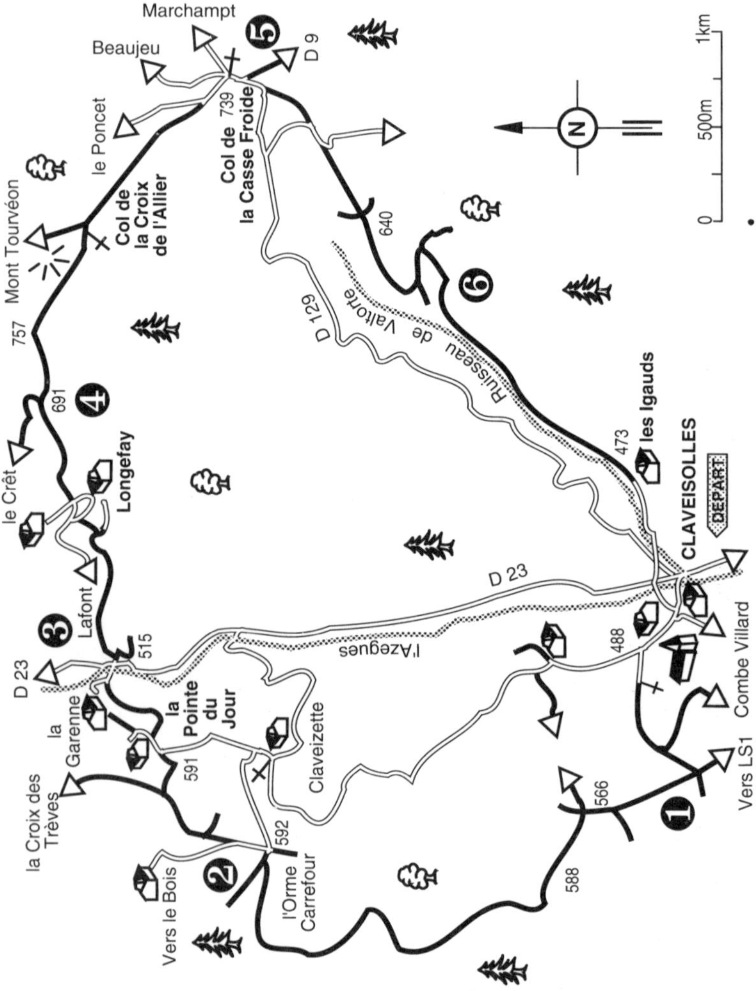

Cartes : IGN – 1/25000ᵉ – 2929 Ouest – Chauffailles et 2929 Est – Beaujeu.
Commune : Claveisolles.
Dénivelé : 369 m.
Longueur : environ 15 km.
Temps approximatif : quatre heures feront l'affaire.

FACILE

Rien que des chemins faits pour vous et votre monture !

Varié et un peu accidenté. Exactement comme vous les aimez !

ACCÈS : Au Nord de **Lamure-sur-Azergues**, vous quitterez la D 485 à l'Est pour la D 9 que vous suivrez jusqu'à **Pont Gaillard** où vous prendrez à votre gauche, au Nord, la D 23 par laquelle vous gagnerez **Claveisolles** (6 kilomètres). Si vous venez du Nord, **Chénelette**, au carrefour de la D 37 et de la D 23, est à 9 kilomètres.

DEPART Depuis le centre de **Claveisolles**, montez au Nord-Ouest vers le couvent. Longez-le à l'Ouest en le laissant sur votre gauche. La route va se faire chemin en s'infléchissant au Sud-Ouest. Maintenez cette orientation en montant raide jusqu'au chemin de crête.

PARCOURS :

1 En arrivant sur la crête, prenez à droite, au Nord. Faites environ 700 mètres et prenez le deuxième chemin sur votre gauche. Au Nord-Ouest puis au Nord et enfin à l'Est, il va suivre régulièrement le coteau sur près de 3 kilomètres, jusqu'au carrefour de **l'Orme**.

2 Montez au Nord, en suivant la route de **Vers le Bois**, sur une centaine de mètres et, lorsqu'elle s'infléchit légèrement à gauche, continuez tout droit en montant. Faites ainsi environ 600 mètres. Vous allez sortir du bois et vous prendrez à droite, à l'Est, pour descendre vers **la Pointe du Jour** d'où vous continuerez jusqu'à **l'Azergues**.

3 Par le pont de la petite route de **la Garenne**, vous avez traversé **l'Azergues** et vous avez atteint la D 23. Vous la traversez simplement et vous remontez un petit vallon, à l'Est, pour gagner **Longefay**. Traversez le hameau et continuez à l'Est par une bonne piste.

4 Lorsque cette piste s'engage dans une large boucle à gauche, continuez tout droit, à l'Est, en montant vers les bois. Vous y prendrez une orientation Sud-Est pour gagner la croix de **l'Allier** d'où vous redescendrez jusqu'au col de **la Casse Froide**.

5 Suivez la D 129, en direction de **Claveisolles**, au Sud Sud-Ouest, sur 150 mètres à peine. Mais lorsque la route s'engage dans une courbe à droite, vous continuez tout droit, au Sud-Ouest. Maintenez cette orientation jusqu'au vallon de **Valtorte**.

6 Votre chemin va opérer une boucle complète à l'Est. Vous prendrez alors le deuxième chemin à votre gauche qui vous ramènera à une orientation Sud-Ouest et au vallon de **Valtorte** que vous suivrez jusqu'à votre point de départ de **Claveisolles**.

C'est en 1881 que fut créée, par le département du Rhône, la pépinière de Claveisolles. Elle avait été précédée par celles de Vauxrenard et de Saint-Appolinaire, en 1863.

Et ces pépinières départementales ne faisaient qu'emboîter le pas aux initiatives de grands propriétaires fonciers tels que le comte de Sablon, à Claveisolles, à qui l'on doit les premières importations, en 1835, de pins californiens de Douglas.

Certes, ils poussent rapidement. Mais leur bois de faible qualité, les futaies froides et sinistres qu'ils créent et la rapidité avec laquelle ils dégradent les sols font qu'ils sont devenus la cible de beaucoup d'associations d'écologistes.

LE COL DE FAVARDY

NS1

Le joli petit village de Saint-Nizier-d'Azergues est dominé par la ligne de crête, sorte d'épine dorsale des monts du Beaujolais, qu'un chemin que nous retrouverons souvent suit de bout en bout. C'est là-haut que vous emmène ce circuit.

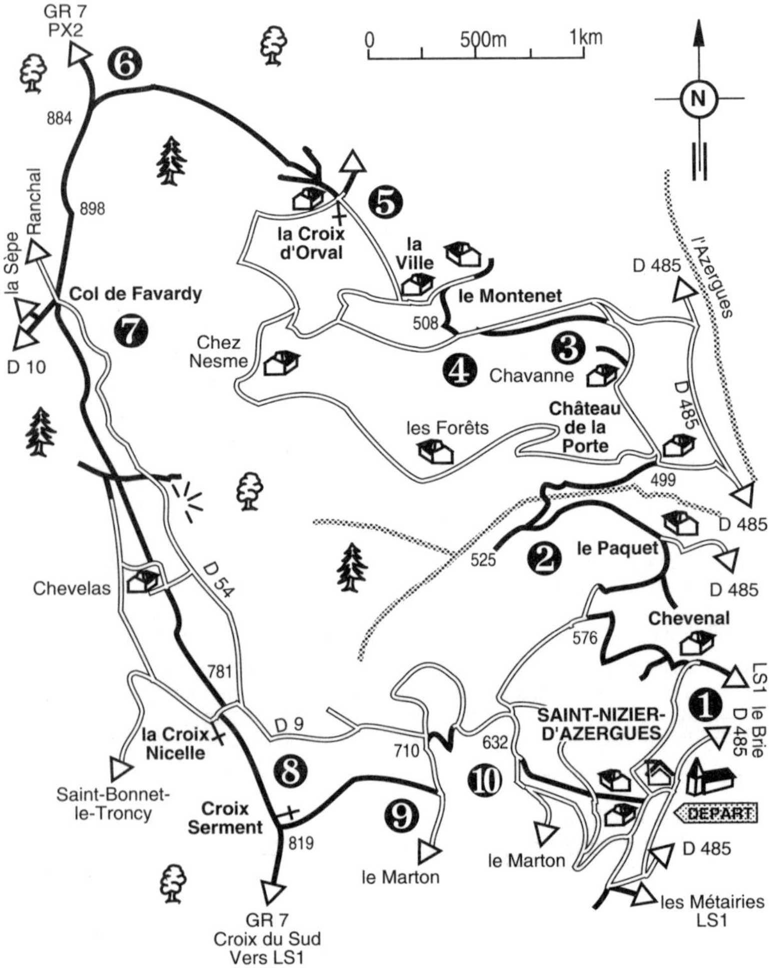

Cartes : IGN – 1/25000ᵉ – 2929 Ouest – Chauffailles.
Commune : Saint-Nizier-d'Azergues.
Dénivelé : 399 m.
Longueur : environ 15 km.
Temps approximatif :
une promenade de la demi-journée.

La crête vous offrira quelques pistes comme vous les aimez.

Accidenté et varié à souhait. Fait pour les bons mollets !

ACCÈS : Saint-Nizier-d'Azergues est perché au Nord-Ouest de **Lamure-sur-Azergues** qui, par la D 9, est à 3 kilomètres.

DEPART Au Sud de l'église de **Saint-Nizier-d'Azergues**, un vaste parking vous permettra de garer votre voiture. Vous quitterez le village par la route pour gagner le hameau de **Chevenal**, au Nord.

PARCOURS :

❶ A l'entrée de **Chevenal**, prenez un chemin à votre gauche qui commence par grimper très raide. Il suit ensuite la courbe de niveau et s'enfonce dans un vallon, à l'Ouest.

❷ Alors que votre chemin arrive au bord du ruisseau, prenez à droite, traversez ce ruisseau et marchez à l'Est vers **le Château de la Porte**.

❸ En atteignant la route, prenez à gauche, au Nord. Il vous faut suivre le bitume sur environ 600 mètres. Dépassez **Chavanne**. Faites encore environ 200 mètres sur le bitume. Puis, à l'entrée du bois, prenez à gauche un chemin à l'Ouest.

❹ Coupez la route que vous retrouvez. Traversez le ruisseau et remontez, au Nord, jusqu'au **Montenet** où vous prendrez le bitume, sur votre gauche, à l'Ouest. Par **la Ville**, gagnez ensuite **la Croix d'Orval**, au Nord-Ouest, toujours par le bitume.

❺ N'allez pas jusqu'au hameau, à votre gauche. Coupez simplement le carrefour et montez par un chemin toujours au Nord-Ouest. Vous retrouvez là notre circuit **PX2**.

❻ En arrivant sur la crête, votre chemin va la franchir par une sorte de petit col, en prenant une orientation Ouest, puis Sud-Ouest. Laissez **PX2** partir sur votre droite, au Nord, avec le GR 7. C'est avec les balises rouges et blanches du même GR 7 que vous marcherez au Sud en longeant la ligne de crête.

❼ Au col de **Favardy**, traversez simplement la D 54 et, toujours avec le GR 7, persévérez au Sud Sud-Est. Vous allez marcher ainsi sur près de 3 kilomètres.

❽ A **la Croix Nicelle**, vous avez traversé la D 9. Toujours avec le GR 7, faites encore 700 mètres au Sud Sud-Est. Et, à la **Croix Serment**, prenez à gauche, à l'Est. Vous quittez le GR 7 et vous vous engagez dans la descente vers **Saint-Nizier-d'Azergues**.

❾ Faites ainsi 1 petit kilomètre. Et prenez à gauche, au Nord, lorsque vous rencontrez la route du **Marton**. Allez jusqu'au carrefour de la D 9. Mais ne vous y engagez pas. Prenez à votre droite un chemin descendant en lacet. Il va couper une grande boucle de la route.

❿ Il vous faut suivre la D 9 en descendant, à l'Est, sur environ 500 mètres, avant de trouver, sur la gauche, un chemin qui va descendre jusqu'à votre point de départ de

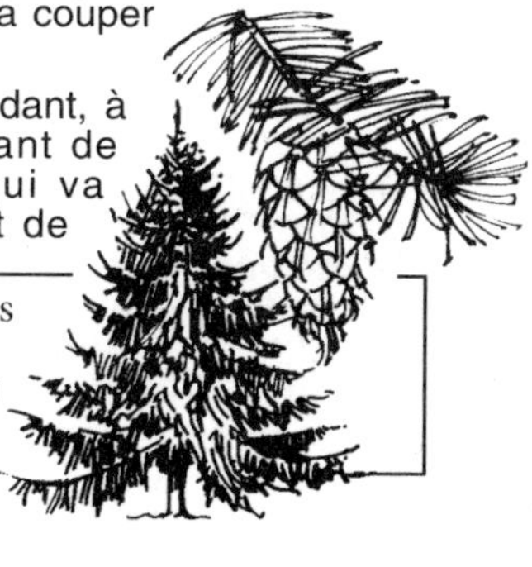

Culminant à plus de 50 mètres, certains sapins de Douglas (voir page 33) sont plus hauts que l'Arc de Triomphe. Mais que leurs sous-bois sont tristes et froids...

LA CROIX DU SUD

LS1

Magie et pouvoir évocateur des mots ! La Croix du Sud en pleins monts du Beaujolais ! Son décor n'est ni de sable ni de palmeraie. Et pourtant, sur sa crête, entourée des sombres futaies des «Douglas», elle possède, elle aussi, un exotisme certain auquel vous ne serez pas insensible.

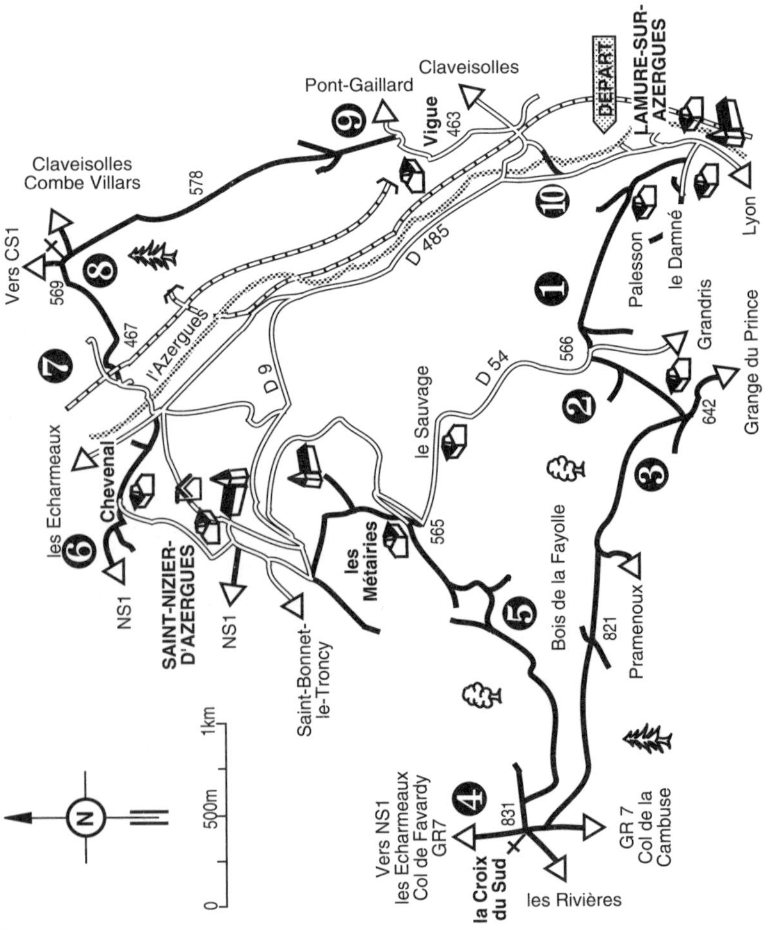

Cartes : IGN – 1/25000e – 2929 Ouest – Chauffailles et 2930 Ouest – Amplepuis.
Commune : Lamure-sur-Azergues.
Dénivelé : 443 m.
Longueur : environ 16 km.
Temps approximatif : prévoyez la demi-journée.

Attention à la passerelle du Gravier. Le reste est bon.

Vous aimerez ce circuit très varié et accidenté.

ACCÈS : Lamure-sur-Azergues est un bourg relativement important sur la D 485, à 51 kilomètres au Nord-Ouest de **Lyon** et à 28 kilomètres au Sud-Est de **Chauffailles**, par le col des **Echarmeaux** (13 kilomètres).

DEPART Depuis le centre de **Lamure-sur-Azergues**, prenez la D 485 au Nord, en direction des **Echarmeaux**. Prenez la deuxième rue à gauche, la dernière avant la sortie du bourg. Faites une petite centaine de mètres et prenez un chemin montant raide, à votre droite, au Nord Nord-Ouest.

PARCOURS :

1 En montant régulièrement, votre chemin est venu au Nord-Ouest. Faites ainsi près de 1 500 mètres pour rejoindre la D 54.

2 A quelques dizaines de mètres sur votre droite, à gauche de la route, prenez un chemin montant toujours, au Sud-Ouest.

3 Faites ainsi environ 600 mètres puis prenez à votre droite, en montant toujours aussi régulièrement, un chemin d'abord au Nord-Ouest. Il va progressivement s'infléchir à l'Ouest, en suivant l'épaulement. Vous marcherez ainsi sur plus de 2 kilomètres.

4 500 mètres avant de déboucher sur la crête, votre chemin est revenu au Nord-Ouest. Prenez à droite, au Nord. Faites à peine 150 mètres en compagnie du GR 7 qui passe là-haut. Vous atteignez **la Croix du Sud**. Prenez alors à votre droite, à l'Est. Descendez sur 150 mètres et prenez à nouveau à droite, d'abord au Sud-Est puis à nouveau à l'Est.

5 Vous allez descendre ainsi sur près de 3 kilomètres, à l'Est puis au Nord-Est, pour gagner **les Métairies**. Au-dessus du hameau, votre chemin s'orientera au Nord. Vous dépasserez le chemin de la chapelle et, à 200 mètres de là, vous obliquerez à l'Ouest pour descendre vers une petite route et un pont, à l'entrée de **Saint-Nizier-d'Azergues**.

6 Dans le village, avec notre circuit **NS1** que vous rencontrez là, prenez, à votre gauche, la petite route de **Chevenal**. Gagnez le hameau, traversez-le et continuez à l'Est lorsque la rue devient un chemin descendant fort. Vous rejoindrez ainsi la D 485.

7 Traversez la D 485. Passez devant la scierie, traversez **l'Arzergues**, puis montez la route qui va devenir chemin en passant sous le viaduc du chemin de fer. Continuez de monter très raide, au Nord-Est, sur environ 700 mètres, jusqu'à la crête.

8 Prenez à droite, au Sud Sud-Est. Sur plus de 2 kilomètres, sans changer de direction, vous allez suivre ce chemin de crête qui va descendre progressivement jusqu'à **Vigue**.

9 Continuez par la route, au Sud. Faites environ 800 mètres jusqu'au carrefour de la D 9. Prenez à gauche pour passer sous la voie ferrée et, tout de suite après le pont, continuez tout droit, lorsque la route s'infléchit à droite. Le chemin longe une propriété puis descend jusqu'à la rivière que vous franchissez par une passerelle (que les chevaux éviteront).

10 Vous retrouvez la D 485 que vous prenez sur votre gauche, au Sud. Vous êtes à quelques centaines de mètres du centre de **Lamure-sur-Azergues**, votre point de départ.

LA CAMBUSE

GS1

Aimable composition de bois et de prés que cette région où la vue, parfois, s'échappe jusqu'à la plaine du Forez barrée, à l'occident, de la ligne noire de ses monts.

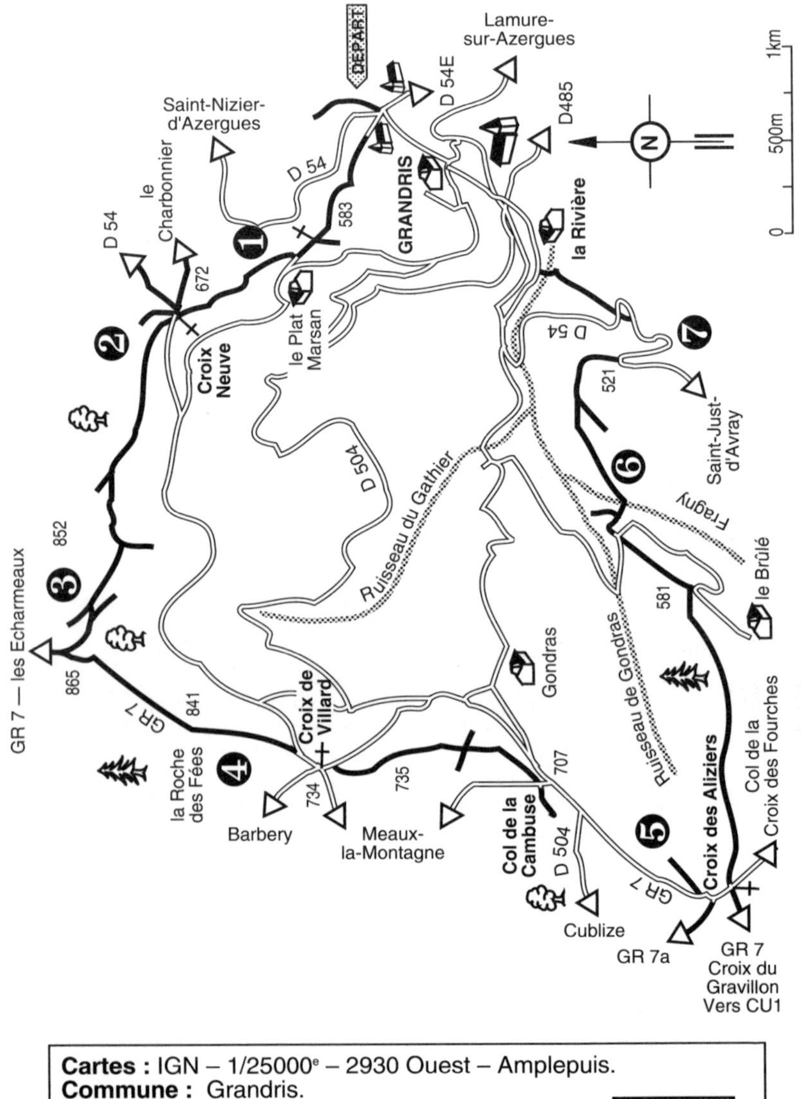

Cartes : IGN – 1/25000ᵉ – 2930 Ouest – Amplepuis.
Commune : Grandris.
Dénivelé : 465 m.
Longueur : environ 15 km.
Temps approximatif : faisable en quatre heures.

Profitez là de chemins vous convenant parfaitement.

Un bon moment que celui que vous allez vous offrir là !

ACCÈS : Par la D 504, **Grandris** se trouve à 2 kilomètres à l'Ouest de la D 485. **Lamure-sur-Azergues** est à 6 kilomètres au Nord-Est.

DEPART Du centre de **Grandris**, montez au Nord-Est jusqu'à la maison de santé. Dépassez-la et, au coin de la chapelle, prenez à gauche, au Nord-Ouest. La route va se faire chemin et vous gagnerez ainsi **le Plat Marsan**.

PARCOURS :

❶ Peu après la croix, prenez à droite, en «sifflet», toujours au Nord-Ouest. Laissez la maison de **Plat Marsan** à votre gauche. Et montez jusqu'à la croix **Neuve**.

❷ Traversez le carrefour en maintenant une orientation Nord-Ouest. Votre chemin va légèrement s'infléchir à gauche en montant sur un épaulement qu'il va suivre sur plus de 1 kilomètre.

❸ En haut de la côte, vous avez contourné un mamelon par le Sud avant de revenir au Nord-Ouest. Votre chemin va se remettre à monter en s'orientant progressivement au Nord. Lorsqu'il atteindra cette direction, il vous faudra le quitter, par la gauche, en «sifflet». Vous marcherez alors au Sud, puis au Sud-Ouest, en compagnie des balises rouges et blanches du GR 7, et en suivant l'axe de la crête.

❹ Depuis la roche des **Fées**, vous êtes descendu assez fort, toujours au Sud Sud-Ouest, pour rejoindre la route, peu avant la croix de **Villard**. Dans le carrefour, prenez à gauche, en direction de **Gondras**. Faites une centaine de mètres et prenez un chemin à droite, au Sud. Le GR 7 vous accompagne toujours.

❺ Du col de **la Cambuse** jusqu'à la croix des **Aliziers**, il vous faut suivre le bitume. A la croix, vous prendrez, à votre gauche, un chemin à l'Est qui vous engagera dans la descente. Au cours de celle-ci, il viendra à l'Est Nord-Est.

❻ Lorsque vous aurez traversé la route du **Brûlé**, vous reprendrez rapidement une direction Est pour traverser le ruisseau de **Fragny**. Avant d'atteindre la D 54, votre chemin s'orientera même au Sud.

❼ Vous avez rejoint la D 54 dans un lacet. Vous franchissez le second en suivant la route. Vous coupez le troisième par un chemin au Nord-Est qui va descendre très fort jusqu'à **la Rivière**. Vous trouverez alors une petite route par laquelle vous remonterez jusqu'au bourg de **Grandris**, votre point de départ.

Dominée par son vaste couvent, dont on imagine l'importance qu'il pouvait avoir dans la vie de tous les jours de la bourgade, Grandris, il y a moins d'un siècle, vivait encore au rythme sec de la navette «poussée» par ses tisserands. On en comptait plus d'un millier, travaillant en ateliers ou à domicile, au milieu du siècle dernier.

En 1904, le couvent devint un hôpital. Il fait encore travailler une partie de la population locale. Mais les tisserands ont tous disparu, vaincus par le triomphe de «l'usine», urbaine et productiviste, sur «la fabrique», rurale et à échelle humaine.

De près de 2 500 habitants il n'y a guère plus d'un siècle, la population de Grandris est passée à moins de 1 000 habitants, de nos jours.

LA CROIX DES FOURCHES

CU1

Il faut, depuis le lac des Sapins, être monté jusqu'au col de la Croix des Fourches ou les Grandes Mollières pour mesurer dans sa plénitude tout ce que ce beau pays offre de paysages variés et de vastes espaces encore largement à l'abri de trop grandes agressions des activités de l'homme.

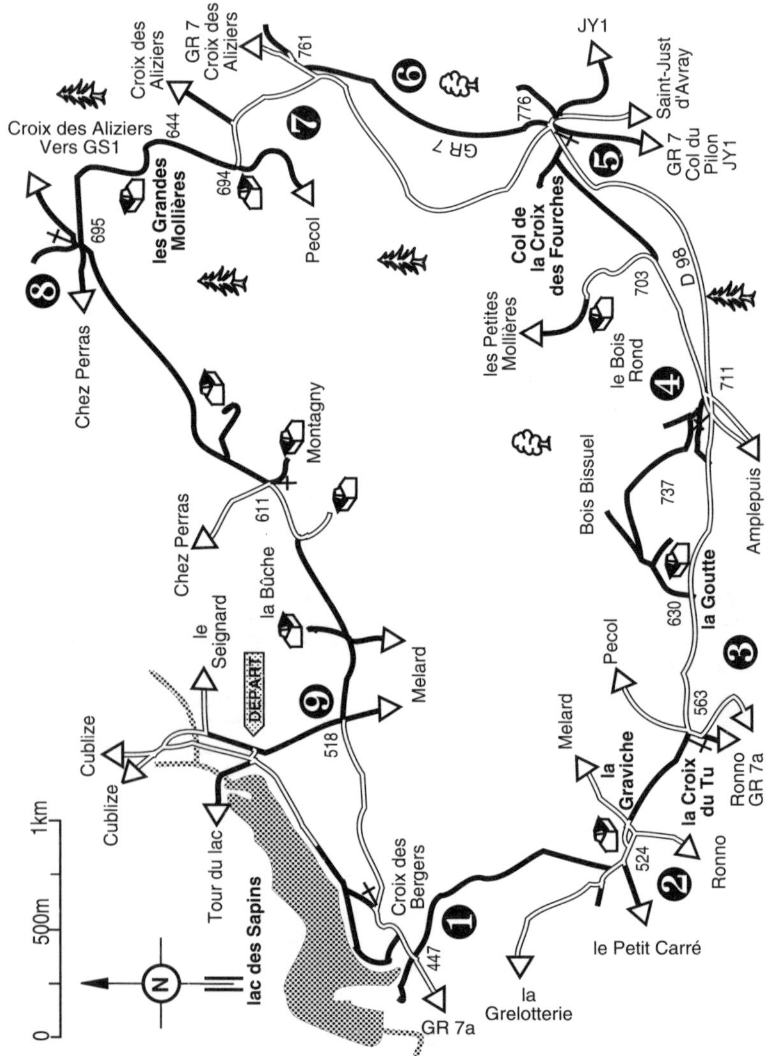

Une mise en jambe, rien de plus !

Une simple promenade, suffisamment variée pour vous plaire.

Cartes : IGN – 1/25000ᵉ – 2930 Ouest – Amplepuis.
Commune : Cublize.
Dénivelé : 378 m.
Longueur : environ 12 km.
Temps approximatif : faisable en trois heures.

FACILE

ACCÈS : Par la D 10 et la D 504, **Cublize** est à 8 kilomètres au Nord-Est d'**Amplepuis**. Et **Tarare** est à 24 kilomètres au Sud, par la D 8.

DEPART Depuis le bourg de **Cublize**, il vous faudra prendre, en voiture, la direction de la base nautique, au Sud du lac. Vous pourrez vous garer à proximité de celui-ci. Vous continuerez alors à le longer, au Sud-Ouest, en compagnie des balises rouges et blanches du GR 7a.

PARCOURS :

❶ Après la croix des **Bergers**, le GR 7a franchit un petit ruisseau en suivant une route. Faites de même. Mais guère plus de 100 mètres après le pont, quittez le GR 7a en prenant un chemin à votre gauche qui monte à l'Est Sud-Est.

❷ Votre chemin est venu franchement au Sud et a gagné **la Graviche**.Traversez le hameau à l'Est et continuez de monter au Sud-Est, en direction de la croix du **Tu**.

❸ Par la route, continuez à l'Est, jusqu'à **la Goutte**. A l'entrée du hameau, prenez un chemin à gauche. Il va monter dans les bois et contourner un mamelon par le Nord. Il redescendra ensuite, au Sud-Est, jusqu'au vaste carrefour de la D 98. (Rien ne vous empêche de continuer tout droit, à l'entrée de **la Goutte**. Mais vous serez sur le bitume jusqu'à ce carrefour.)

❹ Et il vous faut continuer sur le bitume, à l'Est, en suivant la petite route du **Bois Rond** et des **Petites Mollières**, faites environ 800 mètres. Mais, à la hauteur d'un pré, à votre gauche, avant que la route ne prenne une orientation Nord, quittez-la par la droite pour monter dans les bois au Nord-Est.

❺ Vous êtes monté ainsi sur environ 800 mètres. Et vous butez sur un chemin que vous prenez à votre droite, au Sud-Est. En 200 mètres, à peine, il vous fera rejoindre la D 98, à deux pas à l'Ouest de la croix des **Fourches**.

❻ Vous rencontrez là le GR 7 qui arrive du **Pilon**, au Sud, et qui monte, au Nord, vers le col de **la Cambuse**. Vous marchez avec lui sur plus de 1 kilomètre, jusqu'à ce que vous atteignez la route bitumée de la croix des **Aliziers.**

❼ Le GR 7 continue au Nord en longeant cette route. Vous, vous prenez la route de gauche, au Nord-Ouest, en direction des **Grandes Mollières**. Elle deviendra bon chemin après les premières maisons.

❽ Votre chemin, après **les Grandes Mollières**, a pris une direction Ouest. A la croix, prenez à gauche, au Sud-Ouest. Sur plus de 3 kilomètres, vous allez descendre, sans changer de direction, vers le lac des **Sapins**.

❾ Après une section bitumée d'environ 600 mètres, toujours au Sud-Ouest, vous avez suivi une bonne piste sur guère plus de 500 mètres. Celle-ci a pris au Sud, vers **Melard**. Vous continuez tout droit, à l'Ouest. Encore 500 mètres et vous atteignez un carrefour. Prenez à droite, au Nord Nord-Ouest. Descendez sur 400 mètres. Vous êtes à la queue du lac des **Sapins**.

LA CROIX DE CHAL

JY1

Le joli village de Saint-Just-d'Avray s'est installé au centre d'un cirque de collines qui l'abritent des vents humides d'Ouest. Ce sont ces collines que vous propose de courir ce circuit d'où le village vous apparaîtra souvent, compact, autour de son église.

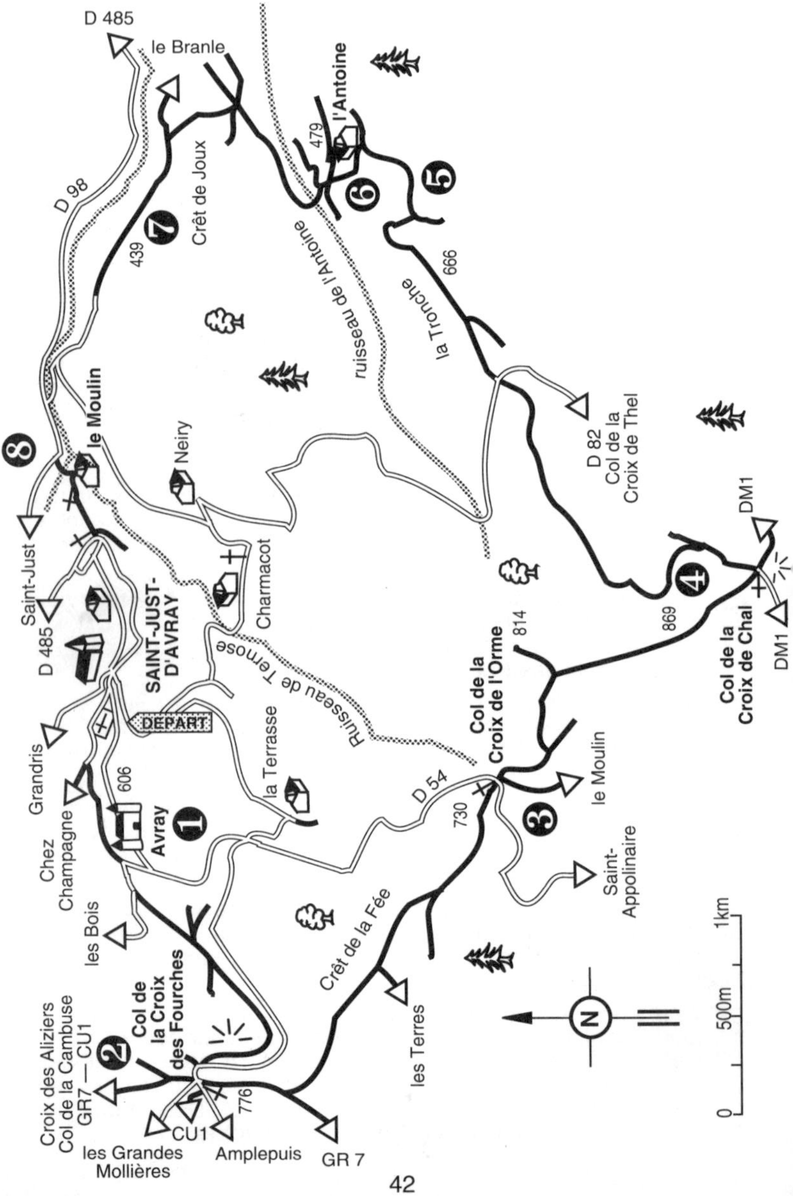

Cartes : IGN – 1/25000e – 2930 Ouest – Amplepuis.
Commune : Saint-Just-d'Avray.
Dénivelé : 415 m.
Longueur : environ 17 km.
Temps approximatif :
une bonne demi-journée ne sera pas de trop.

Quelques chemins de crête dont vous garderez le souvenir !

Toujours un relief et une variété de terrains qui feront votre bonheur.

ACCÈS : Saint-Just-d'Avray se trouve sur la D 98. La D 485, qui relie **Lyon** à **Charolles**, est à 5,5 kilomètres à l'Est. Et Amplepuis, par la même D 98, est à 14 kilomètres à l'Ouest.

DEPART En haut du village de **Saint-Just-d'Avray**, à l'Ouest, quittez la route d'**Amplepuis** par la droite. Longez le cimetière en le laissant sur votre gauche. 300 mètres plus loin, prenez une bonne piste à votre gauche, à l'Ouest.

PARCOURS :

1 Passez derrière le château d'**Avray**. Engagez-vous sur la petite route des **Bois** et prenez tout de suite le premier chemin sur votre gauche, au Sud-Ouest. Faites ainsi 1 bon kilomètre en montant. Votre chemin s'engagera alors dans une large boucle à droite, au Nord, toujours en montant, pour vous faire rejoindre le col de **la Croix des Fourches**.

2 Dans le col, prenez à gauche de la D 98, au Sud, une bonne piste. Vous allez brièvement marcher avec les balises rouges et blanches du GR 7. Mais, à peine 500 mètres après le col, il vous quitte par la droite, au Sud-Ouest, alors que vous continuez avec cette bonne piste, au Sud-Est, sur 2 bons kilomètres.

3 Vous atteignez ainsi le col de **la Croix de l'Orme** où vous traversez la D 54. Des deux chemins qui s'offrent à vous, prenez celui de gauche, toujours au Sud-Est. Faites ainsi 300 mètres, prenez à gauche, à l'Est, un chemin qui va progressivement revenir au Sud-Est et cheminez ainsi sur plus de 1 500 mètres pour atteindre le col de **la Croix de Chal**.

4 Prenez à votre gauche, au Nord. En suivant les courbes de niveau, votre chemin va faire un crochet à l'Ouest avant de reprendre son orientation Nord. Puis il s'engagera dans la descente en suivant un épaulement, au Nord-Est.

5 1 kilomètre environ après avoir traversé une petite route, il vous faudra faire un crochet au Sud sur 400 mètres, en descendant assez fort, pour rejoindre un chemin que vous prendrez à votre gauche, à l'Est puis au Nord pour descendre, au prix de quelques crochets, jusqu'à **l'Antoine**.

6 En laissant les maisons sur votre droite, vous trouverez, sur votre gauche, un chemin descendant d'abord à l'Ouest puis, après avoir traversé un ruisseau, au Sud-Est. Vous le suivrez ainsi sur environ 600 mètres avant de prendre à gauche, au Nord-Ouest.

7 En débouchant sur cette bonne piste, vous la prendrez sur votre gauche, au Nord-Ouest. C'est la «vieille route» qui vous fera rejoindre la D 98 au **Moulin**.

8 Faites 200 mètres à l'Ouest sur la D 98. Puis prenez un chemin à votre gauche, au coin des courts de tennis. Il va monter raide pour couper une large boucle de la D 98 qu'il rejoindra à l'entrée Est de **Saint-Just-d'Avray**, votre point de départ.

LE COL DU PILON

VE1

Nous voici arrivés tout en bas de cette longue ligne de crête qui, depuis le mont Saint-Rigaud, semble vouloir joindre la tour Matagrin qui lui répond, loin au Sud. Mais il y a, entre les deux, le trou de Tarare. Nous en sommes au bord. Et c'est peut-être ce qui donne, parfois, ces lumières comme d'altitude aux paysages de ce circuit.

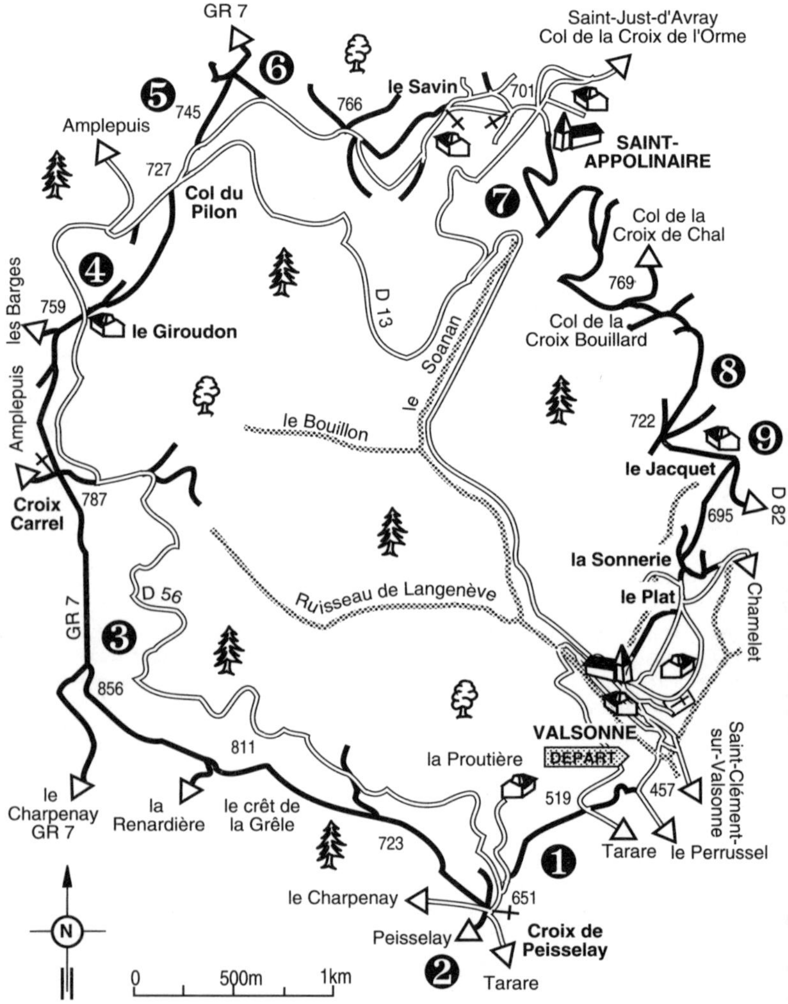

Attention aux barrières pour le bétail et «anti motos»…

Vous aurez aussi à affronter des barrières autour de Valsonne.

Cartes : IGN – 1/25000e – 2930 Ouest – Amplepuis.
Commune : Valsonne.
Dénivelé : 384 m.
Longueur : environ 18 km.
Temps approximatif :
mieux vaut prévoir la journée.

ACCÈS : Par la D 13 qui traverse **Valsonne, le Bois-d'Oingt** et la D 485 sont à 15 kilomètres à l'Est. **Amplepuis** est à 15 kilomètres également à l'Ouest.

DEPART Quittez **Valsonne** par la D 13, au Sud-Est, en direction du **Bois-d'Oingt**. Mais, à la sortie du bourg, prenez à votre droite la route du **Perrussel**. Traversez un premier ruisseau et marchez au Sud-Ouest. Juste avant d'atteindre le pont franchissant un second ruisseau, continuez tout droit au Sud-Ouest quand la route oblique au Sud-Est. Vous allez traverser la D 82.

PARCOURS :

1 Maintenant une orientation Sud-Ouest et remontant le vallon de ce petit ruisseau, vous risquez de vous heurter à d'étranges barrières. Ce sont des obstacles pour les motos qui ne doivent pas, normalement, gêner votre marche. En atteignant la route, continuez au Sud-Ouest jusqu'à **la Croix de Peisselay**.

2 Entre la D 56 et la route du **Charpenay**, prenez un chemin au Nord-Ouest, montant assez fort. Sur près de 3 kilomètres, par le crêt de **la Grêle**, vous tiendrez cette orientation.

3 Votre chemin s'est orienté au Nord. C'est alors qu'un autre chemin converge avec le vôtre, arrivant de votre gauche. Il porte les balises rouges et blanches du GR 7 avec lequel vous cheminez, au Nord.

4 Toujours en compagnie du GR 7, après le carrefour de la croix **Carrel**, vous avez longuement cheminé parallèlement à la D 56. Au **Giroudon**, vous finissez par la traverser en marchant au Nord-Est. Dans les bois, votre chemin reprendra une orientation Nord pour rejoindre le col du **Pilon**.

5 Au Nord Nord-Est, suivez la petite route du **Savin**. Mais lorsqu'elle s'infléchit à droite, guère plus de 200 mètres après le col, continuez tout droit, toujours avec le GR 7.

6 Faites encore 500 mètres à peine, et prenez à droite, au Sud-Est. Vous allez retrouver la route du **Savin** qu'il vous faudra suivre sur environ 500 mètres avant de prendre, à votre gauche, le deuxième chemin que vous trouverez. Au Sud-Est d'abord, puis au Nord-Est, il vous fera gagner **le Savin** d'où vous gagnerez et traverserez **Saint-Appolinaire** par la route.

7 Après l'église, la route se transforme en chemin. Descendez jusqu'au ruisseau, franchissez-le et prenez à gauche, au Nord-Est. En zigzaguant copieusement, votre chemin va prendre de l'altitude pour rejoindre le col de **la Croix Bouillard**, au Sud Sud-Est.

8 Contournez un vallon par l'Est puis descendez-le à flanc de coteau en marchant au Sud Sud-Ouest. Lorsque vous vous heurterez à des barrières fixes, vous prendrez un bon chemin à gauche, à l'Est, par lequel vous rejoindrez **le Jacquet**.

9 Le chemin de **Valsonne** est sur votre droite, juste après les bâtiments du **Jacquet**. Veillez bien à refermer les barrières. Par **la Sonnerie** et **le Plat**, en descendant au Sud, vous rejoindrez votre point de départ de **Valsonne**.

LA CROIX DES CHAMPS

DM1

Sur la plus grande longueur de ce circuit, vous resterez sur les hauteurs dominant la vallée de Dième d'où, souvent, votre regard plongera loin, très loin, au-delà du moutonnement des collines.

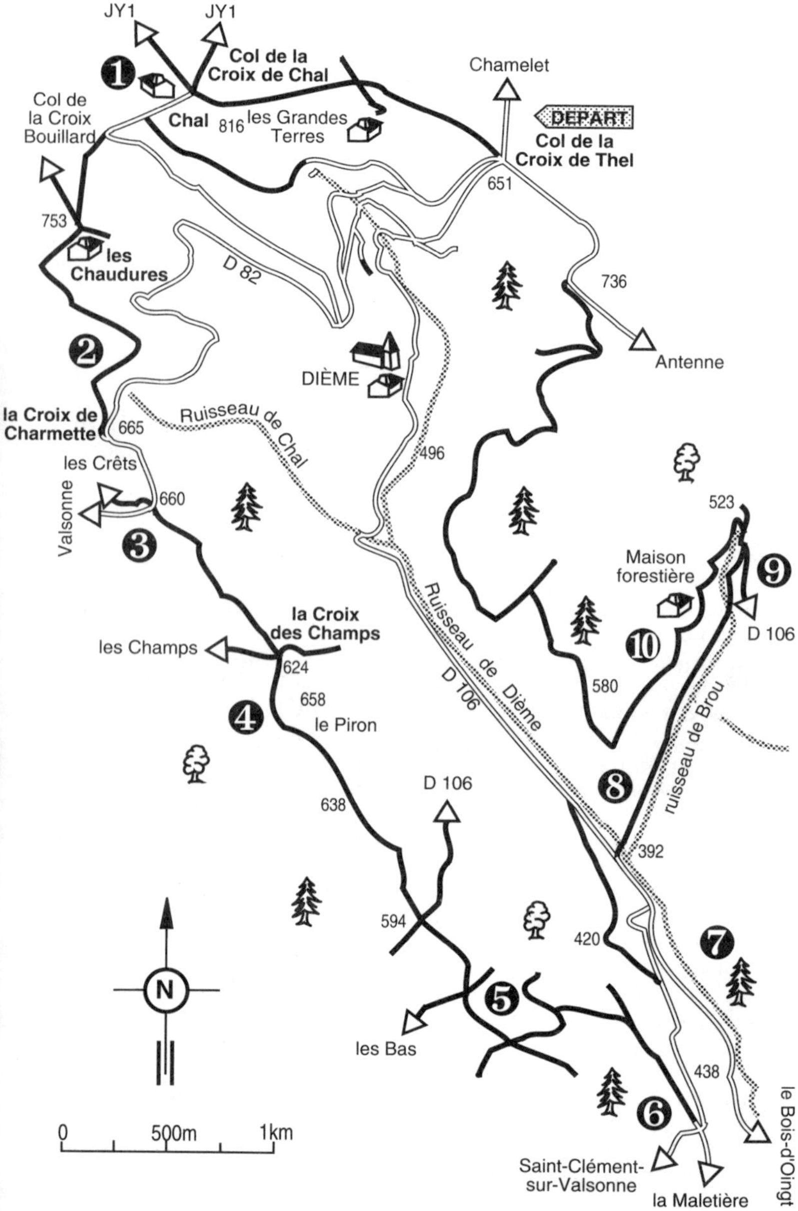

Cartes : IGN – 1/25000e – 2930 Ouest – Amplepuis.
Commune : Dième.
Dénivelé : 432 m.
Longueur : environ 19 km.
Temps approximatif : une petite journée.

Des chemins dont vous apprécierez la régularité.

Des dénivelés raisonnables et de grandes pistes rapides !

ACCÈS : Le départ se prendra du col de **la Croix de Thel**. Venant du Nord, vous quitterez la D 485 à **Chamelet**. Vous prendrez à votre droite, à l'Ouest, la D 82. Le col est à 5 kilomètres. Venant du Sud, vous quitterez la D 485 aux **Grandes Planches**. Vous prendrez à votre gauche la D 31 puis la D 31E, vers **Ternand**, puis une petite route de crête qui vous fera gagner le col de **la Croix de Thel** en 10 kilomètres.

DEPART Quittez le col par un chemin montant au Nord-Ouest. Gardez la ligne de crête, même quand votre chemin viendra à l'Ouest.

PARCOURS :

1 Depuis le col de **la Croix de Chal**, où vous croisez notre circuit **JY1**, descendez par le bitume au Sud-Ouest sur environ 500 mètres. Mais lorsque la route part à l'Est, continuez tout droit. Votre chemin va venir au Sud pour gagner **les Chaudures**.

2 En zigzaguant à flanc de coteau, au Sud, vous allez descendre de près de 100 mètres pour rejoindre **la Croix de Charmette**.

3 Suivez la D 82, au Sud Sud-Est, sur 500 mètres, à peine. Puis prenez à votre droite, au Sud-Est, une piste pratiquement parallèle à une inesthétique ligne à haute tension. Vous vous guiderez sur elle pendant près de 5 kilomètres.

4 Peu après **la Croix des Champs**, vous êtes passé sous la ligne à haute tension qui est maintenant sur votre gauche. Vous marchez ainsi sur 2 bons kilomètres.

5 Votre chemin s'éloigne progressivement de la ligne à haute tension. En marchant au Sud, vous avez franchi un carrefour avant que votre chemin reprenne une orientation Sud-Est. Juste avant que la descente se face plus nette, prenez à gauche, à l'Est.

6 En descendant assez fort et en gardant une direction générale Sud-Est, vous allez passer deux fois sous la ligne à haute tension. Prenez la route sur votre gauche, au Nord.

7 Suivez la route sur environ 700 mètres puis prenez un chemin à gauche, au Nord-Ouest. En 1 500 mètres à peine, il vous fera rejoindre la D 106 que vous prendrez à votre droite.

8 Suivez la D 106 sur 500 mètres et prenez sur votre gauche une bonne piste que vous allez suivre, remontant le vallon du ruisseau de **Brou**, sur près de 2 kilomètres, au Nord Nord-Est.

9 Vous avez traversé le ruisseau qui est, maintenant, sur votre gauche. Vous venez de dépasser le carrefour d'une piste arrivant du Sud, sur votre droite. Prenez à gauche pour traverser à nouveau le ruisseau et marcher au Sud.

10 Vous avez dépassé la maison forestière. Continuez, à flanc de coteau, par cette piste, sur 4 bons kilomètres, avant d'atteindre la petite route que vous prendrez à votre gauche pour rejoindre le col de **la Croix de Thel** en 1 bon kilomètre.

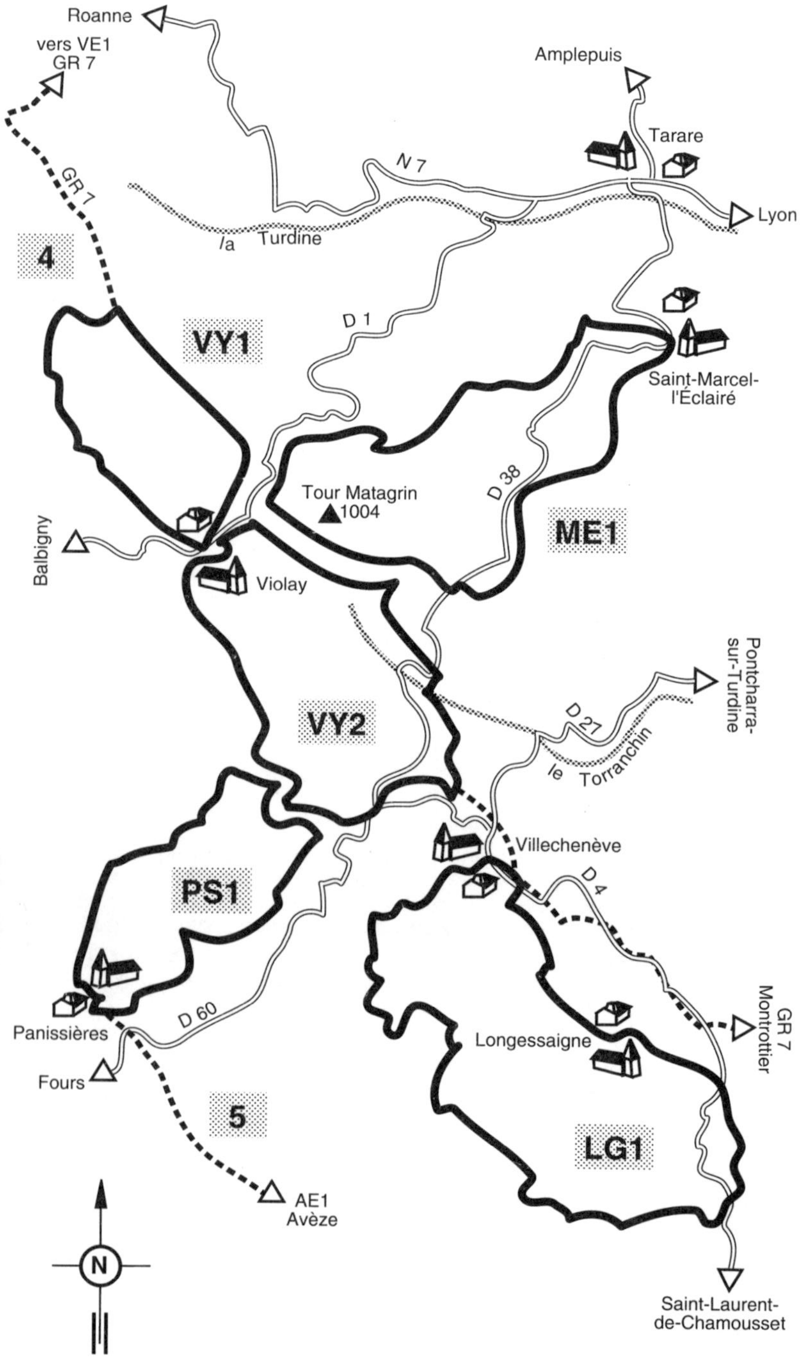
Roanne
vers VE1
GR 7
GR 7
4
VY1
N 7
la Turdine
D 1
Amplepuis
Tarare
Lyon
Saint-Marcel-
l'Éclairé
D 38
Tour Matagrin
1004
ME1
Balbigny
Violay
VY2
Pontcharra-
sur-Turdine
D 27
le Torranchin
Villechenève
D 4
PS1
Panissières
D 60
Fours
5
AE1
Avèze
Longessaigne
GR 7
Montrottier
LG1
N
Saint-Laurent-
de-Chamousset

Du haut de la tour Matagrin, bien sûr, si votre regard se porte vers le Sud, c'est la solide barre du Pilat qui retiendra votre attention. Sur l'horizon, sombre et massive, elle attire, c'est évident.

Prenez pourtant la peine de baisser les yeux et de laisser courir votre regard sur ces monts du Lyonnais que vous abordez.

Pays captivant et cas tout à fait exceptionnel, sinon unique, d'une petite région naturelle au caractère bien marqué, qui a su s'adapter aux contraintes modernes sans rien perdre de son identité. Certes les «marchés» lyonnais et stéphanois tout proches ont bien aidé, économiquement, à la préservation de cette identité. Sans la volonté délibérée des autochtones, ils auraient aussi bien pu être le plus redoutable moyen de sa disparition.

Dans ces collines d'entre Turdine et Gier, qui dominent Lyon à l'Est et Saint-Étienne à l'Ouest, la spécialisation à outrance n'est pas apparue aux agriculteurs comme la solution miracle qu'on leur a pourtant fait miroiter durant des décennies.

Bien au contraire, sans rien sacrifier de leur savoir-faire, ils ont su devenir excellents là où ils étaient bons tout en diversifiant leurs productions.

Les manufactures de jadis sont devenues petites mais dynamiques industries du cuir ou de la charcuterie, à Saint-Symphorien-sur-Coise. Et si le chapeau de feutre ne se porte plus guère, Chazelles-sur-Lyon qui en fut la capitale, en a fait un musée plein d'intérêt.

Tout ceci fait des monts du Lyonnais un pays peu commun où la densité de population est grande mais où ce n'est pas pour autant qu'a disparu l'agrément de la campagne, bien au contraire.

En somme, en refusant la fatalité de la désertification ce sont les hommes qui ont fait l'exotisme des monts du Lyonnais !

8 Reportez-vous aux pages 94 à 100. Chacune des liaisons entre nos circuits qui vous est indiquée par ces numéros vous y est expliquée. Vous la retrouverez facilement sur les cartes au 1/25000e correspondantes.

LE MONT BOUSSUIVRE

ME1

Monsieur Matagrin eut l'idée, au siècle dernier, de construire là-haut un relais de chasse en forme de tour ! On a fini par en oublier le vrai nom du mont Boussuivre pour l'identifier à ce brave homme et à son idée originale qui nous vaut, aujourd'hui, cet exceptionnel belvédère.

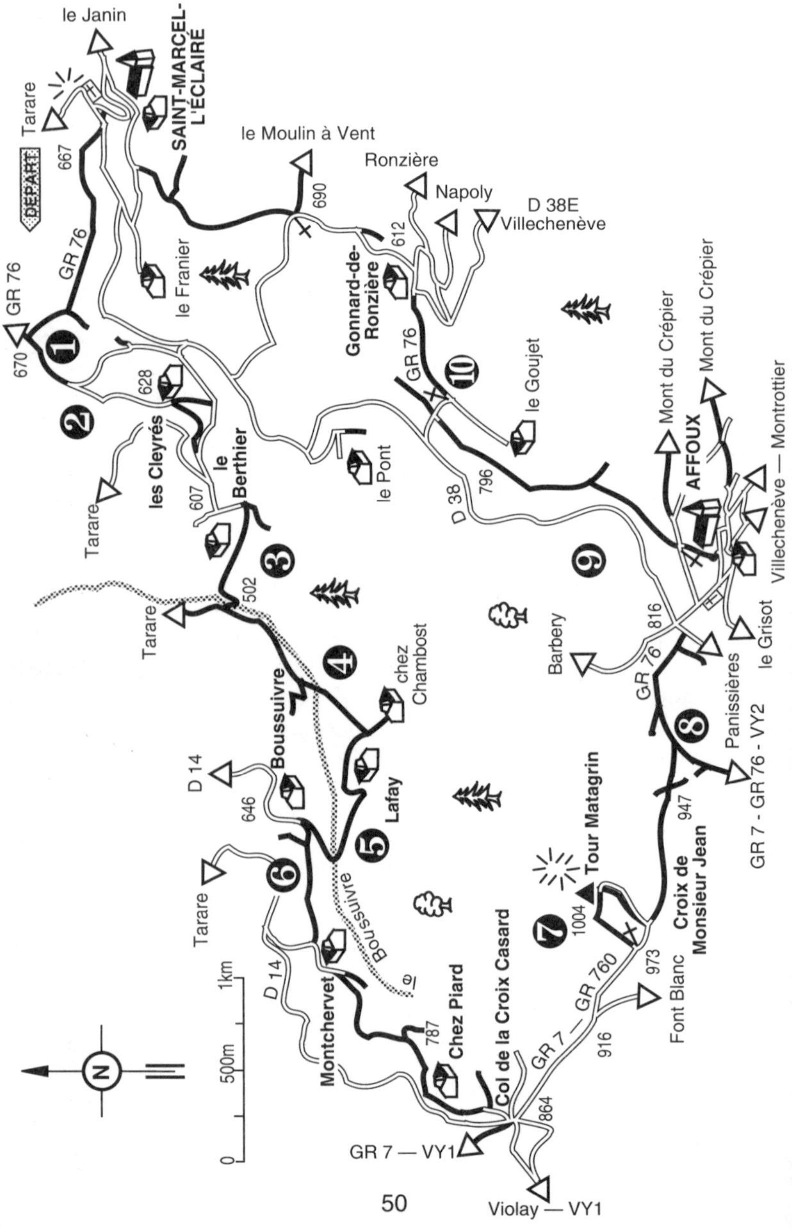

Cartes : IGN – 1/25000e – 29 31 Ouest – Tarare.
Commune : Saint-Marcel-l'Éclairé.
Dénivelé : 502 m.
Longueur : environ 18 km.
Temps approximatif :
compte tenu du dénivelé, prévoyez la journée.

Du relief mais sans réelle difficulté.

A bon compte, vous pourrez, parfois, vous croire en montagne !

ACCÈS : Le village de **Saint-Marcel-l'Éclairé** se trouve très légèrement à l'écart de la D 38, à 4 kilomètres au Sud de **Tarare.**

DEPART Le long de la D 38, à une centaine de mètres du carrefour de **Saint-Marcel-l'Éclairé**, prenez un chemin montant au Sud-Ouest. En atteignant la crête, il prendra une direction Ouest. Vous marchez avec le GR 76.

PARCOURS :

❶ Votre chemin est revenu au Nord-Ouest en se mettant à descendre. Faites ainsi environ 300 mètres. Et laissez le GR 76 continuer de descendre, au Nord-Est, vers **Tarare**. Vous, vous prenez à gauche, au Sud-Ouest.

❷ A la route, prenez à droite, au Sud. Descendez ainsi sur 700 mètres puis, aux **Cleyrés**, prenez à droite, au Sud-Ouest, pour gagner **le Berthier**.

❸ A la hauteur des dernières maisons, prenez à droite, à l'Ouest, descendez jusqu'au ruisseau de **Boussuivre**, traversez-le et prenez à gauche, au Sud-Ouest, pour le longer.

❹ Au confluent d'un autre ruisseau, montez au Sud-Ouest. Faites environ 400 mètres puis, au carrefour de **Chez Chambost**, prenez à droite pour gagner **Lafay** puis **Boussuivre**.

❺ En atteignant le bitume, prenez à gauche, à l'Ouest, un chemin qui vous fera monter jusqu'à **Montchervet** d'où vous gagnerez **la Verrière**, toujours à l'Ouest, par le bitume.

❻ Lorsque la route prendra une orientation Sud, quittez-la par la droite, au Sud-Ouest. Vous allez traverser un petit ruisseau et monter, toujours au Sud-Ouest, jusqu'au col de **la Croix Casard** où vous prendrez à gauche, au Sud-Est, la petite route de la tour **Matagrin**, en compagnie de notre circuit **VY2** et du GR 7.

❼ Allez jusqu'à la tour. Le panorama, depuis son sommet, est remarquable. Et il est fort bien expliqué par une table d'orientation circulaire. Vous continuerez ensuite à l'Ouest, toujours en compagnie de notre circuit **VY2** et du GR 7.

❽ Le GR 7 et **VY2** vous quittent par la droite. En revanche, vous retrouvez là le GR 76 avec qui vous allez rejoindre votre point de départ.

❾ Au-dessus d'**Affoux**, après environ 600 mètres sur le bitume, au pied d'une très belle croix en «pierres dorées», prenez un chemin Nord-Est. Jusqu'au terme de ce circuit, et toujours en compagnie du GR 76, c'est l'orientation générale que vous tiendrez.

❿ En atteignant la route du **Goujet**, ne continuez pas tout droit. Prenez à droite, puis, 100 mètres plus bas, à gauche pour descendre vers **Gonnard-de-Ronzière** où il vous faudra suivre le bitume, toujours au Nord-Est, sur environ 800 mètres, avant de trouver le chemin qui plonge vers votre point de départ de **Saint-Marcel-l'Éclairé**.

LA CROIX GARIN

VY1

Une promenade, ce petit circuit. Mais une promenade dont vous apprécierez tout particulièrement les lumières qu'elles vous offrent ainsi que les panoramas que vous y découvrirez sur «le trou» de Tarare et, au-delà, les monts du Beaujolais.

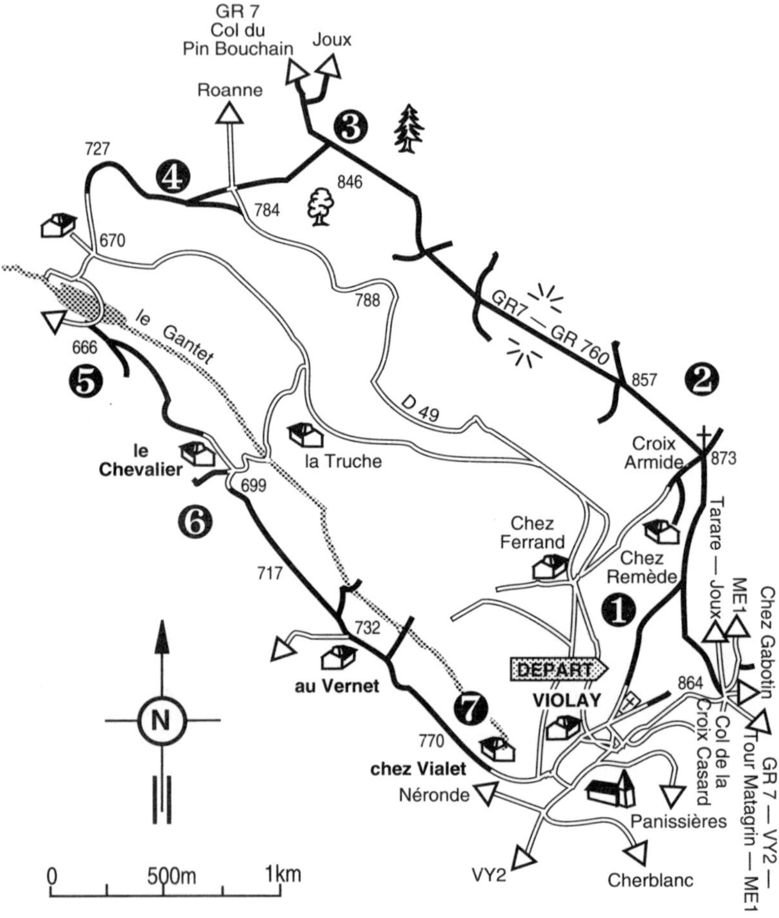

Cartes : IGN – 1/25000e – 2931 Ouest – Tarare.
Commune : Violay.
Dénivelé : 227 m.
Longueur : environ 10 km.
Temps approximatif : trois heures de promenade.

FACILE

Superbe mais bien bref pour vous. A mailler avec VY2 et ME1.

L'observation vaut aussi pour vous. Enchaînez donc les circuits !

ACCÈS : Sur la D 1, **Violay**, qui se trouve dans le département de la Loire, est à 11 kilomètres au Sud-Ouest de **Tarare** et à 17 kilomètres à l'Est de **Balbigny**, sur la N 82, la route de **Roanne**.

DEPART Au Nord de **Violay**, prenez la rue qui longe le cimetière en le laissant sur votre droite. Le bitume fera bientôt place au chemin. Vous marchez au Nord-Est en montant.

PARCOURS :

❶ A 600 mètres du cimetière, votre chemin converge avec une piste que vous suivez, au Nord, vers la croix **Armide**. Vous marchez en compagnie des balises rouges et blanches du GR 7.

❷ Depuis la croix **Armide**, votre chemin, suivant la crête, a pris une orientation Nord-Ouest. Faites ainsi plus de 2 kilomètres.

❸ Toujours marchant au Nord-Ouest, vous atteignez la lisière d'un bois que le GR suit en s'infléchissant légèrement vers le Nord. Vous, vous prenez à gauche, au Sud-Ouest, et vous entrez dans le bois. Votre chemin ne va pas tarder à descendre vers la D 49 que vous vous contenterez de traverser.

❹ Cette bonne piste avec laquelle votre chemin vient de converger s'oriente au Nord-Est. Faites avec elle une large boucle qui va vous ramener au Sud. Suivez la route que vous atteignez alors jusqu'à ce que vous ayez traversé un petit étang. Tout de suite après, vous prendrez à gauche, au Sud-Est.

❺ Quelques dizaines de mètres après la route, dans la fourche qui s'offre à vous, prenez le chemin de gauche. Toujours au Sud-Est, il vous fera gagner **le Chevalier**.

❻ Passez entre les maisons et maintenez une orientation Sud-Est. Par **au Vernet**, sur 2 bons kilomètres, vous n'en changerez plus jusqu'à ce que vous retrouviez une petite route, **chez Vialet**.

❼ Cette petite route s'orientera rapidement à l'Est pour vous faire rejoindre **Violay**, votre point de départ.

Il existe une destinée des pays ! Les monts du Lyonnais en sont une remuante illustration !

Alors que tout les prédisposait à voir leur identité se fondre dans la standardisation des grandes agglomérations qui les entourent, ils sont, sous la Révolution, un solide bastion des prêtres réfractaires au point qu'on les identifie à une «petite Vendée». Saint-Martin-en-Haut voit ainsi son curé, l'abbé Animé, échapper à toutes les recherches.

Dans le même temps, on attribue à un natif du même village, Toussaint Grataloup, dit le petit Monsieur, une effroyable série de méfaits réalisés à la tête de sa bande des «chauffeurs du Lyonnais» ainsi nommée pour l'habitude qu'on leur prêtait de chauffer la plante des pieds de leurs victimes jusqu'à ce qu'elles révèlent la cache du magot !

Les temps modernes n'ont pas plus réussi à faire tomber le pays des monts du Lyonnais dans le triste moule unificateur. Alors que la désertification fait partout des ravages, la densité reste, dans ces campagnes, de plus de 65 habitants au kilomètre carré et le taux de dispersion est de près de 50%. Mais, surtout, l'esprit associatif et d'entreprise y reste particulièrement actif.

On a remarquablement bien su, dans les collines qui dominent la Coise, tirer profit des marchés urbains voisins sans que ce soit au détriment des spécificités locales.

LA CROIX DU SIGNY

VY2

Entre bois, prés et champs, ce circuit est une marche ! Tout en haut des monts du Lyonnais, il a déjà un peu de ceux du Beaujolais ! Sauf la lumière qui garde bien cette étonnante vivacité qui baigne ces collines.

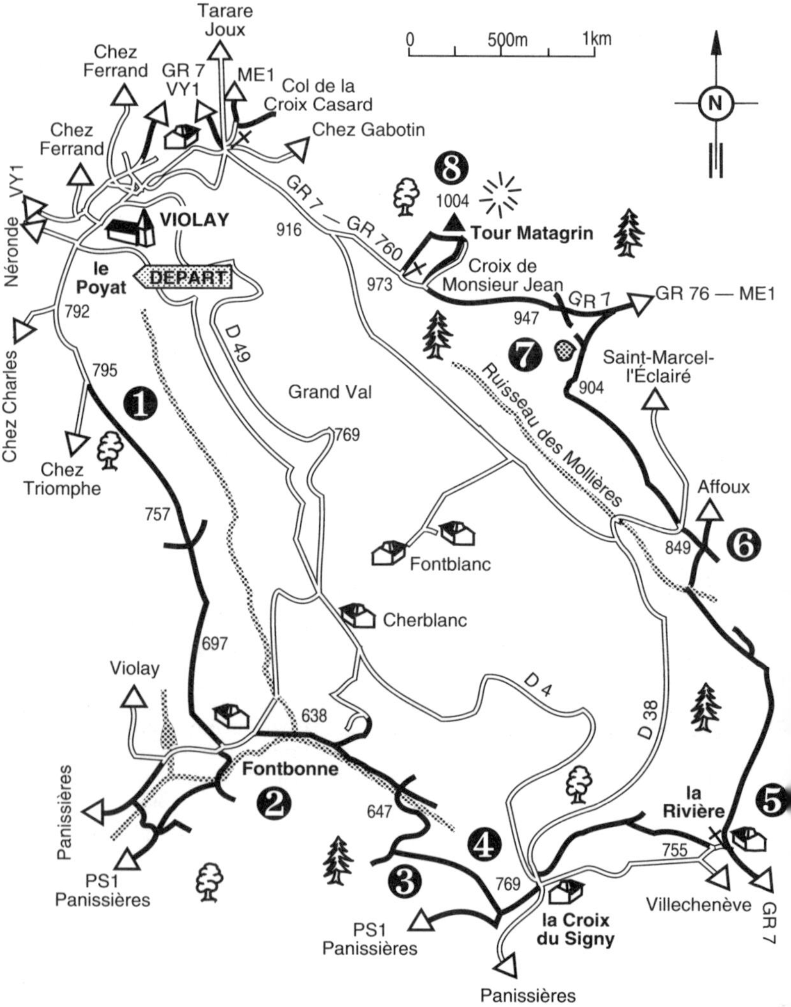

Cartes : IGN – 1/25000e – 2931 Ouest – Tarare.
Commune : Violay.
Dénivelé : 380 m.
Longueur : environ 15 km.
Temps approximatif :
réservez-lui une petite demi-journée.

 Voilà des chemins sur lesquels vous serez très à l'aise.

 Accidenté à souhait et suffisamment varié pour vous plaire !

ACCÈS : Pour rejoindre **Violay**, reportez-vous aux explications que nous donnons page 53, pour notre circuit **VY1**.

DEPART Au carrefour de **le Poyat**, au Sud-Ouest de **Violay**, quittez la D 1 au Sud, en direction de **chez Charles** et de **chez Triomphe**.

PARCOURS :

1 En 1 bon kilomètre, la route est venue progressivement au Sud Sud-Est. Lorsqu'elle s'infléchit à droite, au Sud-Ouest, à la corne d'un bois, continuez tout droit en persévérant au Sud Sud-Est. Marchez ainsi sur plus de 2 kilomètres, en descendant jusqu'à **Fontbonne** où vous rencontrez notre circuit **PS1**.

2 En atteignant la route, prenez à gauche, à l'Est. Faites 200 mètres et prenez un bon chemin à votre droite, à l'Est. Il va longer la rivière sur environ 900 mètres avant de la traverser et de s'engager dans la pente. En prenant de l'altitude, il va devenir sentier et s'orienter progressivement au Sud puis au Sud-Ouest avant de rejoindre un bon chemin.

3 Prenez ce chemin à votre gauche, à l'Est Sud-Est. Faites ainsi 700 mètres et prenez à gauche, au Nord-Est pour rejoindre le col de **la Croix du Signy**. **PS1** vous quitte au Sud.

4 Au col, traversez la D 38. Laissez les maisons sur votre droite et montez dans les bois, au Nord-Est. Faites ainsi 700 mètres environ et prenez à droite, à l'Est Sud-Est, pour redescendre jusqu'à **la Rivière**.

5 Suivez la route, au-dessus du hameau, sur quelques dizaines de mètres et, à la croix, prenez un chemin à gauche, au Nord, que suit également le GR 76.

6 Vous avez traversé le ruisseau des **Mollières** et vous êtes remonté très raide, au Nord. En haut de la côte, prenez à gauche, au Nord-Ouest. Traversez la D 38 et continuez de monter, avec le GR 76, vers la tour **Matagrin**.

7 Lorsque votre chemin, après être venu au Nord, s'infléchit vers l'Est, prenez à gauche, à l'Ouest. Vous rencontrez là notre circuit **ME1** et les balises rouges et blanches qui suivent le même chemin que vous sont celles du GR 7. Vous continuez de monter, modérément, jusqu'à la tour **Matagrin**.

8 Ne manquez pas de monter au sommet de la tour où vous attendent un panorama exceptionnel et une table d'orientation circulaire. Un chemin vous permettra encore de flâner jusqu'à la croix de **Monsieur Jean**, sous une très belle futaie de mélèzes. Toujours avec **ME1** et le GR 7, vous suivrez la petite route au Nord-Ouest pour rejoindre **Violay**, votre point de départ.

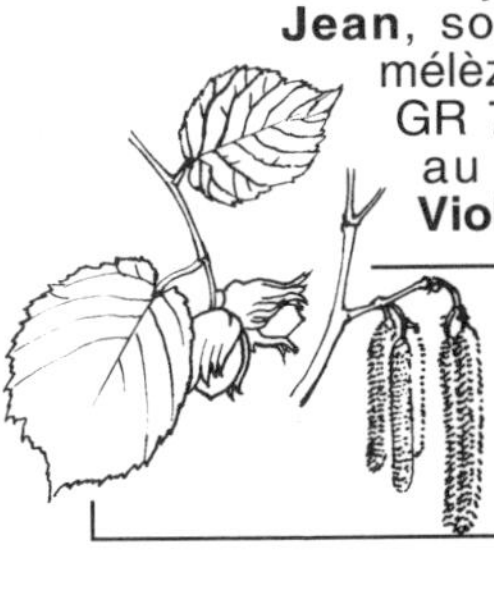

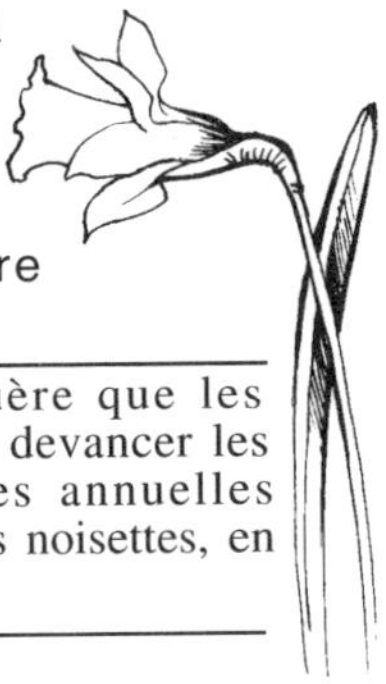

Au printemps, il n'y a guère que les primevères et les coucous pour devancer les jonquilles dans l'annonce des annuelles cueillettes en tout genre dont les noisettes, en septembre, achèvent la saison.

LES BOIS DE MONTCHERVET

PS1

Depuis la bourgade de Panissières, ce circuit est une sorte de montée au désert des vastes espaces qui dominent le Nord des monts du Lyonnais.

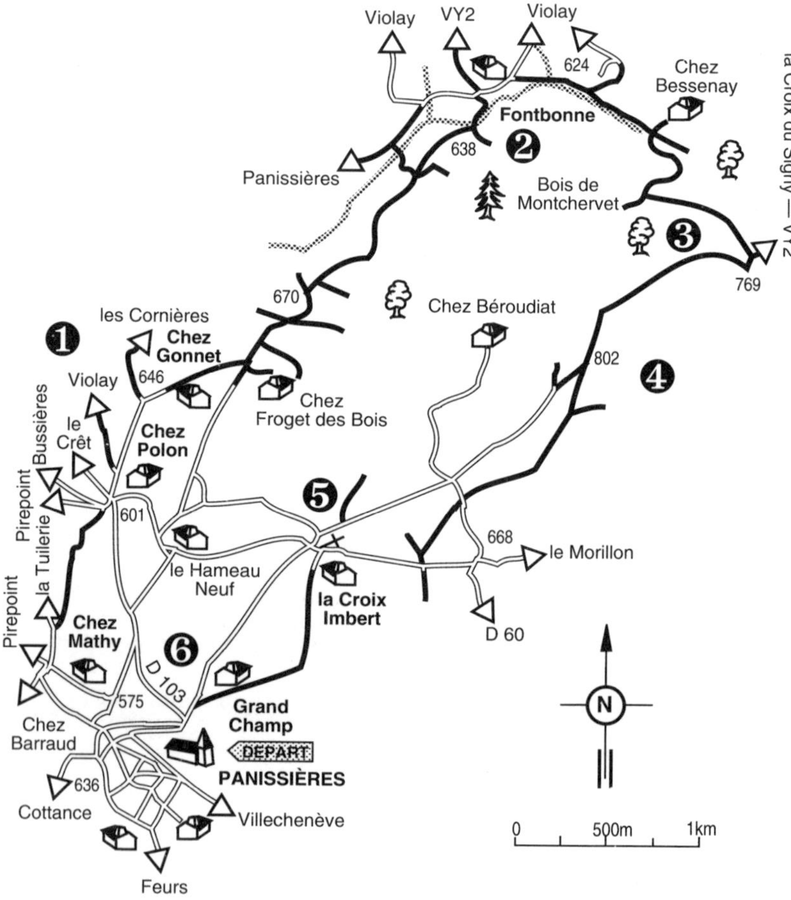

Cartes : IGN – 1/25000ᵉ – 2931 Ouest – Tarare.
Commune : Panissières.
Dénivelé : 247 m.
Longueur : environ 15 km.
Temps approximatif :
une petite demi-journée de promenade.

FACILE

Un peu bref pour vous mais vous donnant accès à VY2 et à ME1.

Par ce circuit et VY2, partez donc à l'assaut de la tour Matagrin.

ACCÈS : Sur la D 60, **Panissières** se trouve à 20 kilomètres au Sud de **Tarare**, par la D 38, et à 16 kilomètres au Nord-Est de **Feurs**.

DEPART En bas de **Panissières**, au Nord-Ouest du bourg, traversez la rivière, dépassez **chez Mathy** et montez par la route en direction de **la Tuilerie**. Juste après le pont, avant la chapelle, prenez à votre droite le chemin qui vous fera gagner **chez Polon**.

PARCOURS :

❶ Au Nord Nord-Est, vous retrouvez le bitume jusque **chez Gonnet** où votre direction s'infléchit au Nord-Est. Jusqu'à **Fontbonne**, sur près de 3 kilomètres, vous ne la quitterez plus.

❷ Vous avez traversé le ruisseau et vous êtes remonté jusqu'à la route que vous prenez sur votre droite. Vous rencontrez là notre circuit **VY2**. Avec lui, suivez la route sur 200 mètres et prenez un bon chemin sur la droite, à l'Est. Il va longer la rivière sur environ 900 mètres avant de la traverser et de s'engager dans la pente. En prenant de l'altitude, il va devenir sentier et s'orienter progressivement au Sud puis au Sud-Ouest avant de rejoindre un bon chemin.

❸ Prenez ce chemin à votre gauche, à l'Est Sud-Est. Faites ainsi 700 mètres et prenez à droite. **VY2** vous quitte pour se diriger vers le col de **la Croix du Signy**. Vous marchez d'abord au Sud-Ouest. Puis, rapidement, votre chemin s'oriente au Nord-Ouest. Il décrit une large boucle en montant pour revenir au Sud-Ouest.

❹ Au sommet de la côte, à l'orée du bois, prenez légèrement à gauche pour maintenir cette orientation Sud-Ouest. Faites encore ainsi près de 2 kilomètres. Vous allez traverser une route puis en atteindre une seconde que vous prendrez à votre droite, à l'Ouest.

❺ A **la Croix Imbert**, prenez la première rue à votre gauche, au Sud. Elle va redevenir chemin. Vous descendrez ainsi sur environ 600 mètres. Puis vous prendrez une orientation Sud-Ouest qui vous fera gagner **Grand Champ**.

❻ En atteignant la route, prenez-là à gauche, au Sud. Elle va converger avec la D 103 que vous suivrez à l'Ouest pour regagner le bourg de **Panissières** d'où vous êtes parti.

Au XVe siècle déjà, les tisserands lyonnais avaient trouvé une main-d'œuvre bon marché et efficace dans la région de Tarare. Le tissage du chanvre, puis du coton, à la fin du XVIe siècle, et enfin de la soie, au XIXe siècle, était un complément de revenu indispensable à une agriculture qui ne nourrissait pas toujours son homme.

Après la Révolution, c'est à Tarare même et dans sa région que se sont installées des «manufactures textiles». La production de la mousseline, lancée à la fin du XVIIIe siècle par Georges-Antoine Simonet et son neveu, connaîtra un prodigieux développement qui conduira à une multiplication par cinq de la population de Tarare en moins d'un siècle et à une prospérité telle, dans les campagnes, que la densité de population, en atteignant près de 100 habitants au kilomètre carré, était parmi les plus élevées de France.

Si l'on excepte les usines de Tarare traitant les fibres synthétiques, il ne reste plus rien de tout cela, si ce n'est la densité rurale encore assez remarquable grâce à une habile diversification des productions.

LES PRÉS DE LONGESSAIGNE

LG1

Promenade dans le bocage ! C'en est fini des sombres forêts et des cols pris en enfilade. L'espace des prés et des champs s'ouvre et s'emplit d'une lumière à nulle autre pareille : celle des monts du Lyonnais.

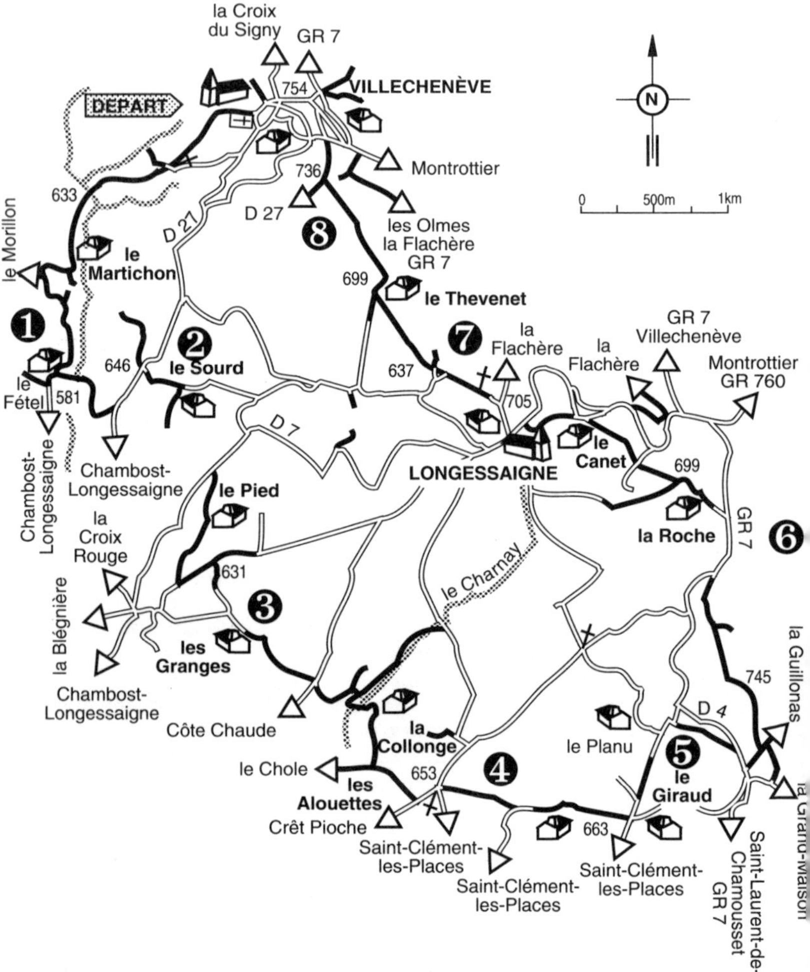

Attention aux barrières. Pour le reste, de bons chemins tranquilles.

Peu de relief. Mais, d'un hameau à l'autre, vous aimerez cette diversité.

ACCÈS : Le départ se prendra de **Villechenève**, sur la D 4, à 15 kilomètres au Sud de **Tarare** par la D 38, et à 2 kilomètres à l'Ouest de **la Croix de Signy**. Par la même D 4, la N 89 est à 16 kilomètres au Sud.

Cartes : IGN – 1/25000e – 2139 Ouest – Tarare.
Commune : Longessaigne.
Dénivelé : 161 m.
Longueur : environ 20 km.
Temps approximatif : une journée de promenade.

DEPART A l'Ouest de **Villechenève**, partez à l'Ouest, le long du cimetière que vous laissez sur votre gauche. Votre chemin va s'orienter au Sud-Ouest puis au Sud pour gagner **le Martichon**, en plus de 2 kilomètres.

PARCOURS :

❶ Marchez au Sud, parallèlement au ruisseau, pour gagner **le Fétel**. A l'entrée du hameau, avant d'atteindre le bitume, prenez à gauche, à l'Ouest, traversez le ruisseau et remontez jusqu'à la D 27 que vous suivrez, au Nord Nord-Est, sur 300 mètres.

❷ Quittez la D 27 par la droite pour gagner **le Sourd**. Par le bitume, continuez à l'Ouest en direction de **Longessaigne**. Au premier carrefour, prenez à droite pour rejoindre la D 7 que vous suivrez au Sud-Ouest sur 400 mètres.

❸ Par **le Pied**, descendez au Sud Sud-Ouest sur 1 petit kilomètre. Juste avant d'atteindre le bitume, prenez à gauche, au Nord-Est. Faites 300 mètres et prenez à droite, au Sud-Est. Par **les Granges**, **la Brigadée** et **la Collonge**, tenez cette direction générale Sud-Est sur près de 3 kilomètres, jusqu'aux **Alouettes**.

❹ D'abord au Nord-Est, sur le bitume, sur 200 mètres, puis à l'Est, par les chemins en passant par **le Truchet**, gagnez **le Giraud**, en 1 500 mètres environ.

❺ Au Nord Nord-Est, gagnez **le Planu**. Ne montez pas jusqu'à la D 4. Prenez à droite, à l'Est puis au Sud-Est. Un chemin parallèle à la route vous fera éviter l'essentiel du bitume. Lorsque vous convergerez tout de même avec la D 4, faites encore 200 mètres au Sud Sud-Est en la longeant. Puis prenez à gauche, au Nord-Est. Vous rencontrez là les balises rouges et blanches du GR 7. Faites ainsi guère plus de 200 mètres et, avec le GR 7, prenez à gauche, au Nord.

❻ Toujours avec le GR 7, vous avez rejoint la D 4. Suivez-la au Nord, sur un peu plus de 300 mètres, puis prenez à gauche, au Nord-Ouest. Le GR 7 continue tout droit, sur le bitume. Dépassez **la Roche** et tenez cette orientation Nord-Ouest pour gagner **le Canet**, en 1 petit kilomètre. En atteignant le bitume, prenez à gauche, à l'Ouest, pour atteindre la D 7 à l'entrée de **Longessaigne**.

❼ Depuis le centre du village, montez au Nord. Juste après les dernières maisons, obliquez à gauche, au Nord-Ouest. Par **le Tardy** et **le Thevenet**, vous n'allez plus quitter cette direction sur plus de 2 kilomètres.

❽ Vous butez sur un chemin perpendiculaire au vôtre que vous prenez à votre droite, au Nord. En 300 mètres à peine, il vous fait atteindre les premières maisons de **Villechenève**, votre point de départ.

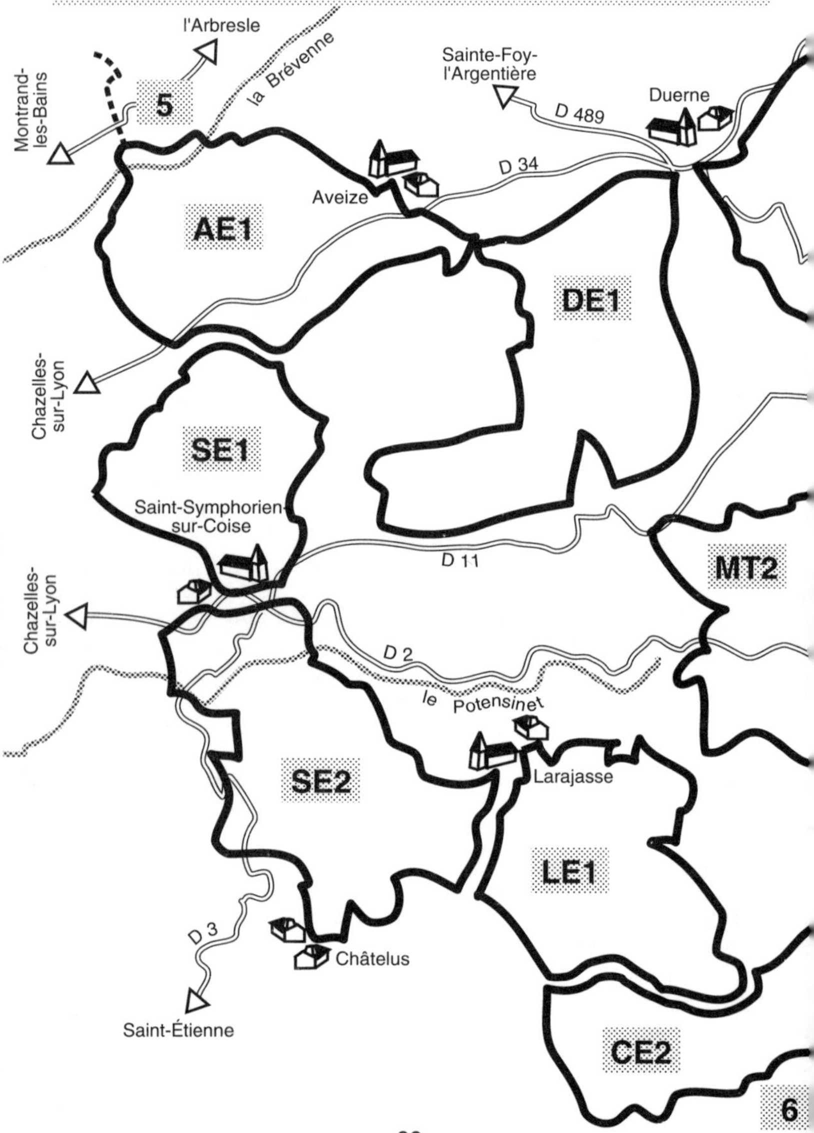

l'Arbresle
la Brévenne
5
Montrand-les-Bains
Sainte-Foy-l'Argentière
D 489
Duerne
D 34
Aveize
AE1
DE1
Chazelles-sur-Lyon
SE1
Saint-Symphorien-sur-Coise
D 11
MT2
Chazelles-sur-Lyon
D 2
le Potensinet
Larajasse
SE2
LE1
D 3
Châtelus
Saint-Étienne
CE2
6

LES MONTS DU LYONNAIS

8 Reportez-vous aux pages 94 à 100. Chacune des liaisons entre nos circuits qui vous est indiquée par ces numéros vous y est expliquée. Vous la retrouverez facilement sur les cartes au 1/25000e correspondantes.

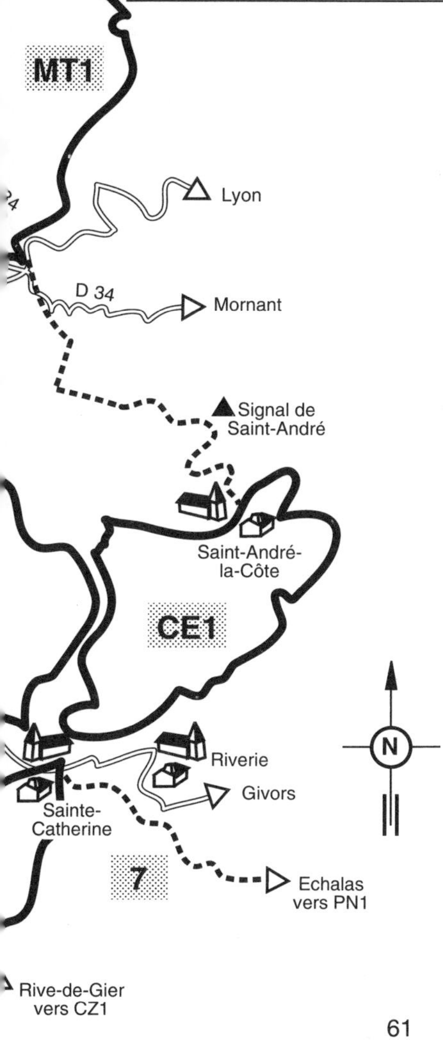

LA MONTAGNE D'AVEIZE

AE1

Il faut tourner le dos à la route nationale et à ses foules pressées ; il faut être monté jusqu'à ces collines, au Sud, pour commencer à comprendre ce qu'ont de captivant ces monts du Lyonnais méconnus.

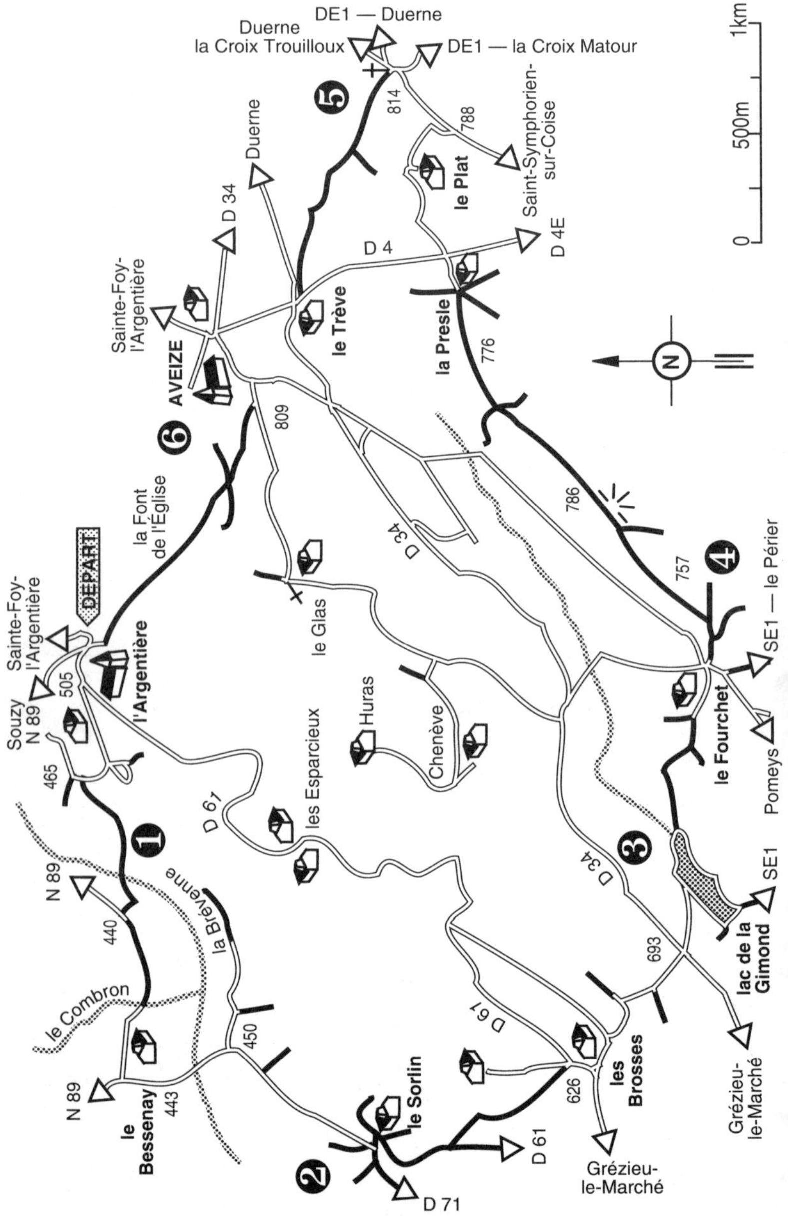

Cartes : IGN – 1/25000e – 2932 Ouest – Chazelles-sur-Lyon.
Commune : Aveize.
Dénivelé : 374 m.
Longueur : environ 14 km.
Temps approximatif : comptez quatre heures.

FACILE

Des passerelles impraticables pour votre cheval.

Côtes et descentes, variété des paysages : tout pour vous plaire !

ACCÈS : Le départ se prendra du hameau de **l'Argentière** qui se trouve sur la D 61, à 4 kilomètres au Sud-Ouest de **Sainte-Foy-l'Argentière** et à 1 500 mètres au Sud de la N 89.

DEPART A l'Ouest du sanatorium, quittez la D 61 par la droite, à l'Ouest. La petite route va venir au Nord. C'est là que vous la quitterez, à gauche, au Sud-Ouest, au coin d'une ferme.

PARCOURS :

❶ Au bout de 200 mètres, votre chemin est venu à l'Ouest. Au moyen de passerelles, il va franchir **la Brévenne** puis son affluent de rive gauche, **le Combron**, avant de retrouver le bitume au **Bessenay**.

❷ Il vous faudra gagner **le Sorlin**, au Sud puis au Sud-Ouest, par la route. Au carrefour, prenez à votre gauche puis presque tout de suite à droite, au Sud-Ouest. Commencez de monter par une bonne piste que vous suivez sur 300 mètres avant de la quitter par la gauche pour un chemin montant raide.

❸ Depuis **les Brosses**, gagnez le lac de **la Gimond** par la route. Contournez-le par l'Est. Tout de suite après avoir franchi le ruisseau qui l'alimente, prenez un chemin montant à votre gauche, à l'Est. Gagnez ainsi le **Fourchet**.

❹ Traversez le carrefour du **Fourchet** à l'Est. Faites ainsi 200 mètres et obliquez à gauche, au Nord-Est. Gardez cette orientation sur près de 3 kilomètres jusqu'à **la Presle** puis **le Plat**.

❺ Un chemin perdu dans les cultures vous contraint, depuis **le Plat**, à continuer par le bitume jusqu'à la D 4 E. Suivez-la, au Nord-Est, sur un peu plus de 300 mètres puis prenez un chemin à votre gauche, au Nord-Ouest. Il va gagner **le Trève**, juste en dessous d'**Aveize**, en 1 kilomètre.

❻ Dans le centre d'**Aveize**, en face de l'église, prenez à gauche, au Sud-Ouest. Faites encore 300 mètres, prenez à droite, en direction du **Glas**, puis, presque aussitôt, un chemin qui plonge très fort, à nouveau à votre droite. C'est le chemin de **la Font de l'Église** par lequel, au Nord-Ouest, vous allez descendre très raide et longuement jusqu'au sanatorium de **l'Argentière** d'où vous êtes parti.

Des villages allongés sur les crêtes comme des chats ronronnant sur le dossier des fauteuils !

LE CHÂTEAU DE SACONAY

DE1

Villages tout en long sur les hauts, bois sur les travers et «petits fruits», appétissantes framboises, fraises et groseilles bien installées aux coteaux les plus doux. Ainsi sont les monts du Lyonnais dans leur lumière d'entre ciel et terre.

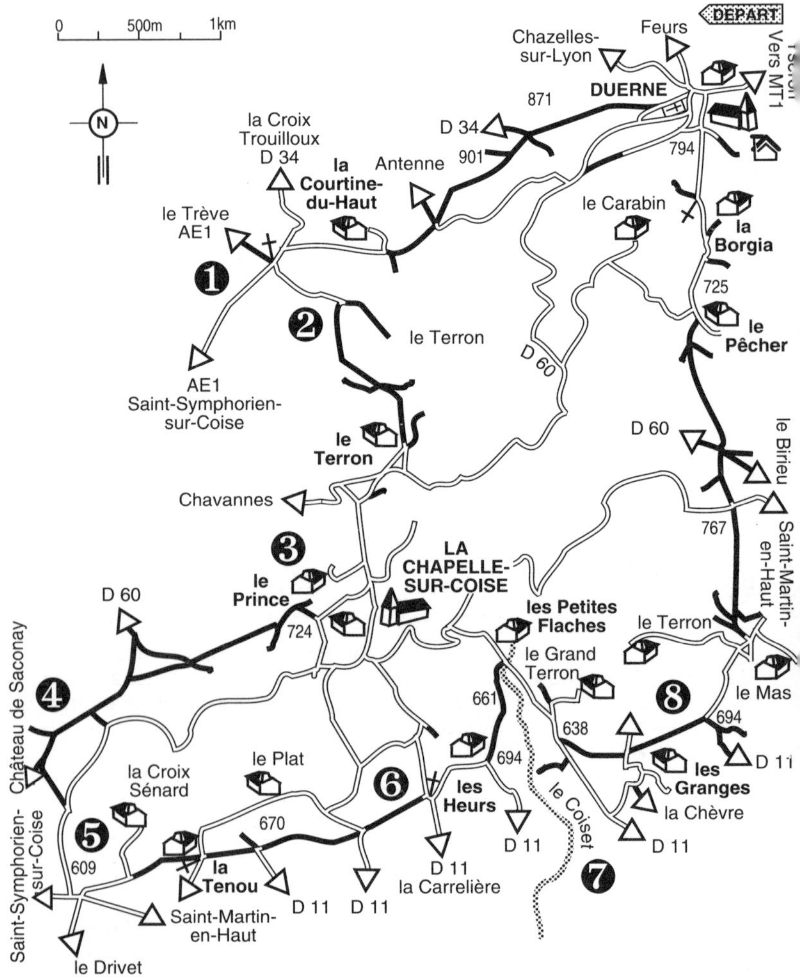

Cartes : IGN – 1/25000e – 2932 Est – Mornant et 2932 Ouest – Chazelles-sur-Lyon.
Commune : Duerne.
Dénivelé : 292 m.
Longueur : environ 18 km.
Temps approximatif : prévoyez une bonne demi-journée.

Des chemins qui semblent avoir toujours connu les chevaux.

N'en profitez pas pour aller trop vite !

ACCÈS : Au carrefour des D 489 et D 34, **Duerne**, par la première, se trouve à 6 kilomètres au Sud-Est de **Sainte-Foy-l'Argentière** et à 31 kilomètres au Sud-Ouest de **Lyon**. Par la seconde, **Chazelles-sur-Lyon** est à 12 kilomètres au Sud-Ouest et **Mornant** est à 19 kilomètres au Sud-Est.

DEPART Dans le carrefour, à l'Ouest du bourg de **Duerne**, prenez la petite rue entre la D 34 et la D 60. Vous allez longer le cimetière, en le laissant sur votre gauche, et prendre presque tout de suite après, un chemin à droite, à l'Ouest, qui va monter vers les collines.

PARCOURS :

1 A l'Ouest puis au Sud-Ouest, faites ainsi près de 3 kilomètres avant de retrouver du bitume à **la Courtine-du-Haut**. Continuez à l'Ouest jusqu'à la D 4 E, mais ne la traversez pas. Suivez-la sur quelques dizaines de mètres au Sud-Ouest et reprenez tout de suite à gauche la petite route du **Terron**.

2 Faites 500 mètres à peine, et prenez un chemin à votre droite, au Sud. Il va venir au Sud-Est puis reprendra une orientation Sud pour gagner **le Terron**... Un autre **Terron** ! Méfiez-vous : il y en a quatre très proches les uns des autres !

3 Par le bitume, traversez la D 60 et descendez vers **la Chapelle-sur-Coise**, par la D 60 E, au Sud. Avant le bourg, prenez à droite la route du **Prince**. Suivez-la sur environ 400 mètres et, après avoir traversé le hameau, prenez à droite, au Nord-Ouest. Faites 200 mètres et obliquez à gauche, au Sud-Ouest. Tenez cette orientation sur près de 2 kilomètres.

4 Ne traversez pas le ruisseau lorsque le chemin vire au Nord-Ouest. Juste avant, prenez à gauche, au Sud Sud-Ouest puis au Sud. Le château de **Saconay** est sur votre droite.

5 Continuez au Sud, par le bitume, jusqu'à la D 11. Prenez à gauche, à l'Est, et, presque aussitôt, à nouveau à gauche, au Nord-Est. Faites encore 300 mètres sur le bitume et continuez à l'Est Nord-Est, vers **la Croix Sénard**, quand la route s'oriente au Nord.

6 Par **la Tenou** et **le Mas**, faites ainsi près de 3 kilomètres pour gagner **les Heurs**. Vous y arrivez par une petite route qui, après les maisons, va s'orienter au Sud-Est. Dans le virage, prenez à gauche. Des deux chemins qui s'offrent à vous, prenez celui de droite, au Nord Nord-Est. Il va descendre vers **les Petites Flaches**.

7 Il vous faut suivre la route, au Sud-Est, en direction de la D 11, sur environ 600 mètres. Dépassez le croisement du **Grand Terron** et prenez le premier chemin sur votre gauche. Il va opérer une large boucle, partant du Sud-Est, pour atteindre **la Grande Bruyère** au Nord-Est.

8 Jusqu'au **Mas**, sur 500 mètres, suivez une petite route au Nord Nord-Est. Dépassez le carrefour de la route du **Terron** et prenez le premier chemin sur votre gauche. Sur plus de 3 kilomètres, par **le Pêcher** et **la Borgia**, vous monterez régulièrement vers votre point de départ de **Duerne**.

LA GIMOND

SE1

Tout autour du bourg de Saint-Symphorien-sur-Coise qui en est un peu la capitale, les monts du Lyonnais tressent une étrange corbeille de collines. Celles vers lesquelles vous emmène ce circuit, au Nord du bourg, en sont les plus proches et donc les plus accessibles.

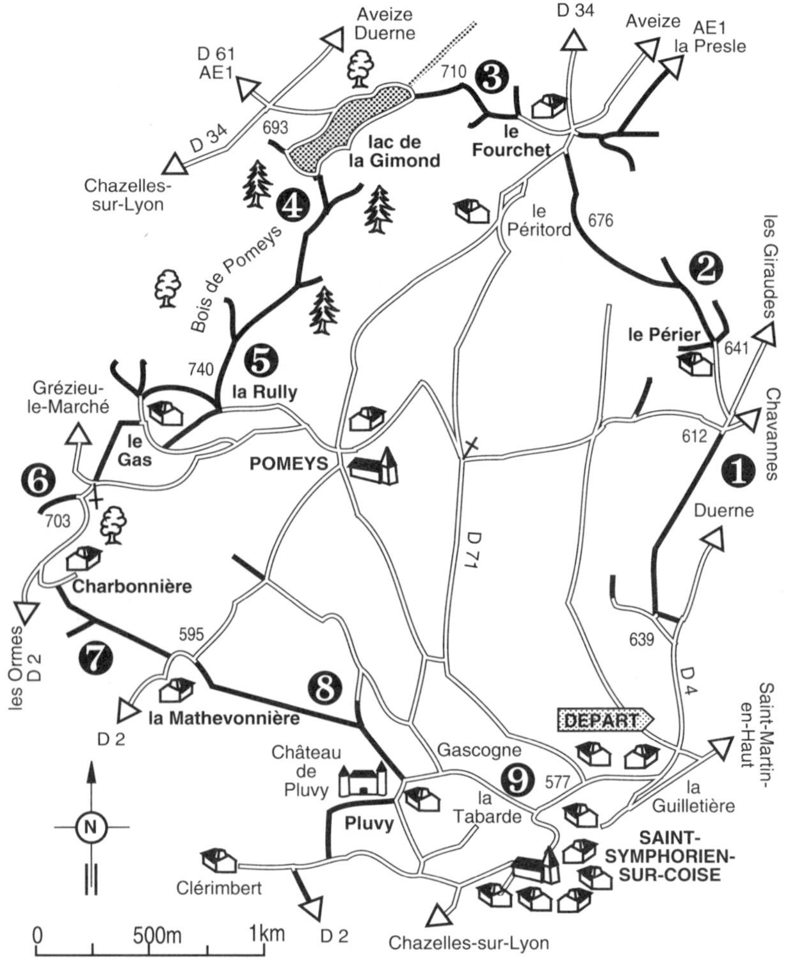

Cartes : IGN – 1/25000ᵉ – 2932 Ouest – Chazelles-sur-Lyon.
Commune : Saint-Symphorien-sur-Coise.
Dénivelé : 163 m.
Longueur : environ 12 km.
Temps approximatif : trois heures feront l'affaire.

FACILE

Brève, bien sûr, mais une très belle promenade.

Un circuit à mailler avec AE1.

ACCÈS : Au carrefour des D 2, D 3 et D 11, la petite ville de **Saint-Symphorien-sur-Coise** se trouve, par la première, à 6 kilomètres à l'Est de **Chazelles-sur-Lyon** et à 24 kilomètres au Nord-Ouest de **Rive-de-Gier**. Par la seconde, **la Talaudière**, aux portes de **Saint-Étienne**, est à 26 kilomètres au Sud. Et, par la D 11, **Lyon** est à 40 kilomètres au Nord-Est.

DEPART Au Nord-Est de **Saint-Symphorien-sur-Coise**, au faubourg de **la Guilletière**, garez votre voiture à proximité du terrain de sport. Suivez la D 4, en direction d'**Aveize**, sur environ 800 mètres. Alors que vous marchez au Nord, dépassez un lotissement et un château d'eau, sur votre gauche. Et prenez, encore à gauche, le premier chemin, à peine 100 mètres plus loin, au Nord-Ouest, puis au Nord.

PARCOURS :

❶ Traversez la route de **Pomeys**, franchissez le ruisseau et prenez, à gauche, la petite route du **Périer**. Vous retrouverez le chemin, au Nord Nord-Ouest, après les maisons.

❷ Faites encore un peu plus de 200 mètres et obliquez à gauche, au Nord-Est. En venant progressivement au Nord, votre chemin va monter jusqu'au **Fourchet**.

❸ Par la route, marchez à l'Ouest. Faites 200 mètres. Le bitume s'oriente au Nord-Ouest. Après la dernière maison, prenez un chemin à gauche, à l'Ouest. Faites guère plus de 150 mètres et obliquez à droite, au Nord-Ouest, pour descendre vers le lac de **la Gimond**. Soyez vigilant : l'entrée du chemin n'est pas très évidente.

❹ Longez le lac jusqu'à la digue. Et prenez, à gauche, au Sud-Ouest, un chemin montant assez fort. Suivez-le à travers les bois de **Pomeys**, sur plus de 1 kilomètre, toujours au Sud-Ouest.

❺ Au sommet de la côte, n'allez pas vers **la Rully**, au Sud. Prenez à droite et descendez, à l'Ouest, jusqu'au **Gas**. Remontez la route, au Sud, sur quelques dizaines de mètres, et, au coin d'une maison, prenez à droite, à l'Ouest puis au Sud-Ouest.

❻ Traversez la D 71 et suivez la petite route au Sud-Ouest, sur environ 700 mètres. Après le bois, prenez à gauche, au Sud, et descendez vers la ferme de **Charbonnière**.

❼ Avant d'atteindre la ferme, prenez un chemin à gauche, au Sud-Est. Appréciez le panorama et, par **la Mathevonnière**, tenez cette direction sur près de 2 kilomètres.

❽ Prenez à droite et montez vers le château de **Pluvy** (gîte d'étape) que vous voyez sur votre droite.

❾ Ne descendez pas vers les tanneries et **Saint-Symphorien**. Par le faubourg Nord, maintenez une orientation Est pour rejoindre le terrain de sport et la D 4 d'où vous êtes parti.

La puissante église fortifiée de Saint-Symphorien-sur-Coise.

LA COISE ET LE COUZON

SE2

Les dénivelés n'ont rien de particulièrement abrupts. Et pourtant, ce pays est ainsi fait qu'il est bien rare qu'on n'y marche pas vers un belvédère ou une simple crête d'où la vue s'envolera vers des lointains bleutés. Ainsi en est-il de Châtelus et de tant d'autres points de vue plus anonymes.

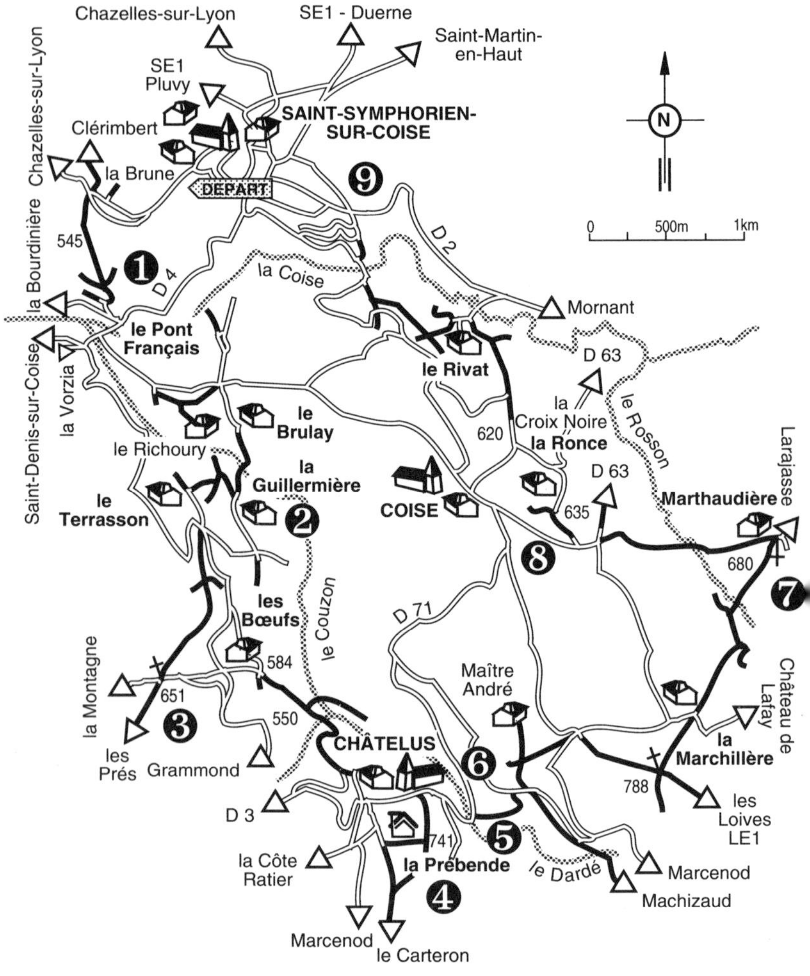

Un circuit de découvertes plus que de grandes allures.

Accidenté à souhait. Parfait pour vos pires acrobaties !

ACCÈS : Pour rejoindre **Saint-Symphorien-sur-Coise**, reportez-vous aux explications que nous vous donnons page 67, pour notre circuit **SE1**.

Cartes : IGN – 1/25000e – 2932 Ouest – Chazelles-sur-Lyon et 2932 Est – Mornant.
Commune : Saint-Symphorien-sur-Coise.
Dénivelé : 249 m.
Longueur : environ 19 km.
Temps approximatif : prévoyez la journée.

DEPART Quittez **Saint-Symphorien-sur-Coise** par la D 2, en direction de **Chazelles-sur-Lyon**, à l'Ouest. Vous la suivrez sur environ 1 500 mètres, depuis le bourg. A l'entrée de la courbe qu'elle dessinera pour reprendre une direction Ouest, en face d'une grande usine moderne, prenez un chemin à gauche descendant au Sud, juste avant un bâtiment d'élevage. Franchissez les barrières et refermez-les soigneusement.

PARCOURS :

1 Au **Pont Français**, franchissez **la Coise** en suivant le bitume de la D 4. Tout de suite après, prenez la route de **Coise**, sur votre gauche. Un bon chemin, sur sa droite, vous permettra d'éviter 500 mètres de bitume. Et quand vous la rejoindrez, dans un carrefour, vous prendrez à droite, au Sud, pour rejoindre **le Brulay**.

2 Après avoir franchi **le Couzon**, vous êtes remonté vers **la Guillermière** en marchant au Sud. Avant d'atteindre le hameau, prenez à droite, au Nord-Ouest. Faites 200 mètres, prenez à gauche, au Sud et, presque aussitôt, à droite, à l'Ouest, pour gagner **le Terrasson**. Par le bitume, rejoignez alors la D 3, traversez-la et continuez jusqu'à la route de **la Montagne**.

3 En atteignant le bitume, prenez à gauche, à l'Est. Marchez ainsi jusqu'aux **Bœufs** où vous prendrez à droite, au Sud-Est. Tenant cette direction, faites environ 400 mètres, traversez **le Couzon** et laissez bien **le Dardé** sur votre gauche. Vous allez monter très raide, dans les bois, jusqu'au village de **Châtelus**.

4 Gagnez **la Prébende**, au Sud Sud-Est de **Châtelus**. Juste après le gîte d'étape, prenez à gauche, à l'Est. Passez derrière les bâtiments, faites encore 200 mètres et prenez à gauche, au Nord, dans le bon chemin que vous venez d'atteindre.

5 Vous avez rejoint la D 71E. Prenez-la à droite.Suivez-la jusque dans le lacet par lequel elle franchit **la Coise**. Et, tout de suite après le pont, prenez à droite un chemin montant au Sud-Est puis à l'Est. Il finira par venir au Nord pour rejoindre la D 71.

6 Marchez au Nord vers la ferme de **Maître André** et prenez le premier chemin à droite, au Nord-Est. Traversez la route du château de **Lafay** et prenez à droite, au Sud-Est, un chemin que vous suivrez sur 700 mètres avant de prendre à gauche, au Nord-Est, pour marcher vers **Larajasse**. Faites ainsi près de 2 kilomètres.

7 Aux premières maisons de **Larajasse**, prenez à gauche, à l'Ouest. Faites ainsi plus de 1 kilomètre. Lorsque vous atteignez le bitume, suivez-le sur 200 mètres à peine, toujours à l'Ouest, et prenez à droite, au Nord-Ouest, vers **la Ronce**.

8 Par le bitume, toujours au Nord-Ouest, gagnez **la Croix Noire**, puis, par un chemin, **le Rivat** où vous prendrez à gauche, à l'Ouest puis au Sud-Ouest. Vous ferez ainsi 250 mètres avant de trouver, sur votre droite, au Nord-Ouest, un chemin par lequel vous rejoindrez la D 71.

9 Franchissez **la Coise** par la route et prenez le premier chemin à votre droite. Vous êtes à l'entrée Est de **Saint-Symphorien-sur-Coise**.

LE BOIS DE LA LIENNE

MT1

Vous aurez, à vos pieds, la grande ville, toute proche. Et pourtant, au cœur de bois épais ou en serpentant au flanc de quelques doux vallons, vous aurez le droit de vous sentir presque perdu au plus profond d'une nature quasiment intacte. C'est là tout le charme des monts du Lyonnais.

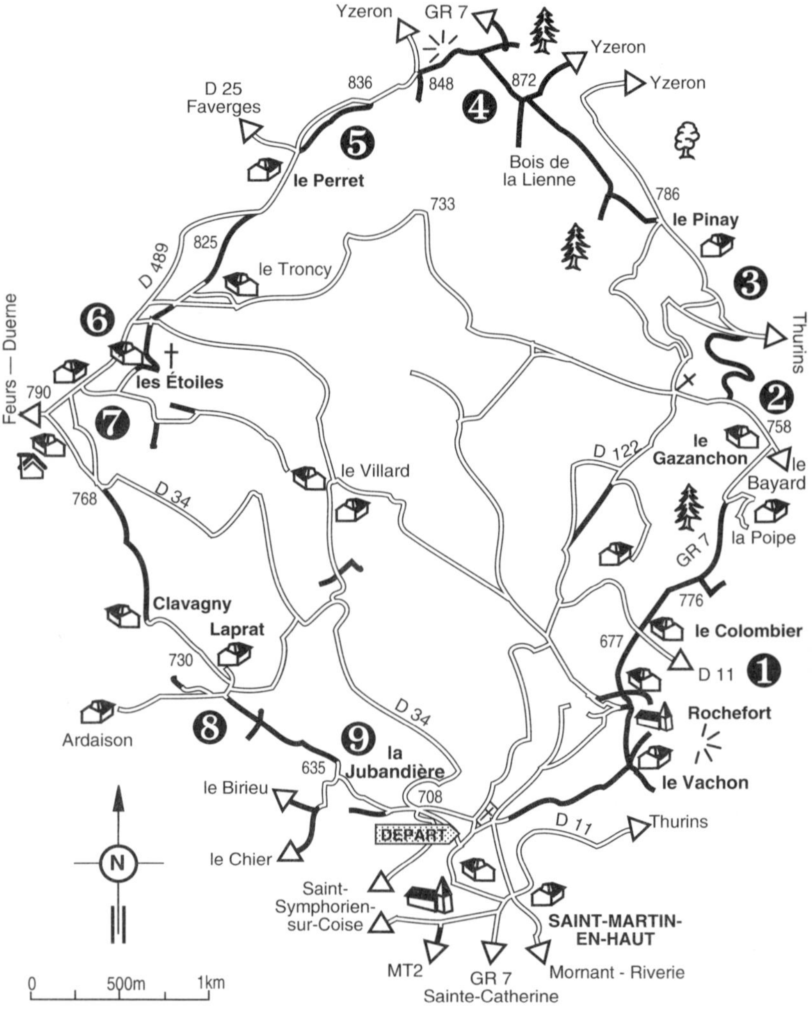

Une très belle sortie avec des chemins qui vous plairont.

Vous apprécierez la grande diversité des chemins de ce circuit.

Cartes : IGN – 1/25000e – 2932 Est – Mornant.
Commune : Saint-Martin-en-Haut.
Dénivelé : 237 m.
Longueur : environ 14 km.
Temps approximatif : cinq heures de promenade.

FACILE

ACCÈS : Saint-Martin-en-Haut, au carrefour des D 11 et D 34, se trouve à 26 kilomètres au Sud-Ouest de Lyon et à 18 kilomètres au Nord-Est de **Chazelles-sur-Lyon**, par la première. Par la seconde, **Duerne** est à 5 kilomètres au Nord-Ouest et **Mornant** est à 14 kilomètres au Sud-Est.

DEPART Au Nord de **Saint-Martin-en-Haut**, en face du cimetière que longe la route de **Rochefort**, prenez à droite, à l'Est Nord-Est, une petite rue qui va vite devenir chemin. Faites ainsi 1 petit kilomètre jusqu'au **Vachon**. Vous prendrez alors à gauche, au Nord, pour monter jusqu'à **Rochefort**, en appréciant le point de vue sur **Lyon** et sa banlieue. Vous marchez en compagnie des balises rouges et blanches du GR 7.

PARCOURS :

❶ Toujours en compagnie du GR 7, dépassez **Rochefort** en marchant au Nord. Après avoir traversé le ruisseau, le chemin remontera vers les bois en s'orientant au Nord-Est. Faites ainsi près de 2 kilomètres, jusqu'au **Gazanchon**.

❷ Sur la route, vous marchez au Nord-Ouest. Faites guère plus de 200 mètres et prenez à droite, au Nord. En zigzaguant, vous allez traverser un joli vallon avant de remonter vers **le Pinay** en orientant à nouveau votre marche au Nord-Ouest.

❸ Vous allez tenir cette orientation Nord-Ouest sur plus de 2 kilomètres, sur le bitume d'abord, jusqu'à la D 122, puis par un bon chemin montant régulièrement.

❹ Vous êtes au sommet de la côte. Le GR 7 vous quitte par la droite. Vous, vous prenez à gauche, au Sud-Ouest, orientation que vous allez tenir jusqu'à l'entrée de **Duerne**, à plus de 3 kilomètres.

❺ Un chemin, parallèle à la route, vous permet d'éviter près de 500 mètres du bitume de la D 489. Vous la quitterez environ 300 mètres après **le Perret**, par la gauche, toujours au Sud-Ouest.

❻ Vous avez traversé la route du **Troncy**. Après celle du **Villard**, votre chemin s'oriente au Sud. Passez derrière la ferme de **l'Étoile**. Contournez-la en montant jusqu'à la statue de la Vierge. Et rejoignez l'entrée de **Duerne** (gîte d'étape) par le bitume.

❼ N'entrez pas dans le bourg de **Duerne**. Prenez la première rue à gauche, au Sud Sud-Est. Faites ainsi 600 mètres. Vous rejoignez la D 34 que vous quittez presque aussitôt par la droite pour un chemin toujours au Sud Sud-Est par lequel vous gagnerez **Clavagny** puis, par le bitume, **Laprat**.

❽ Dépassez **Laprat** en suivant la direction de **Ardaison**. Et, seulement à la sortie de la courbe, après le croisement, prenez un chemin sur la gauche, au Sud-Est. Il va descendre jusqu'à un ruisseau et de petits étangs, sur votre droite.

❾ Sans quitter cette orientation Sud-Est, prenez la petite route de gauche par laquelle, par **la Jubandière**, vous allez remonter jusqu'à l'entrée de **Saint-Martin-en-Haut**.

LE PETIT MACHIZAUD

MT2

Au fond de cette sorte de vaste conque bien fermée que forment les monts du Lyonnais, la Coise trace son sillon d'une douce vallée veillée de collines bon enfant. Les bourgs, sur les hauteurs, font penser à ces pasteurs d'autres âges...

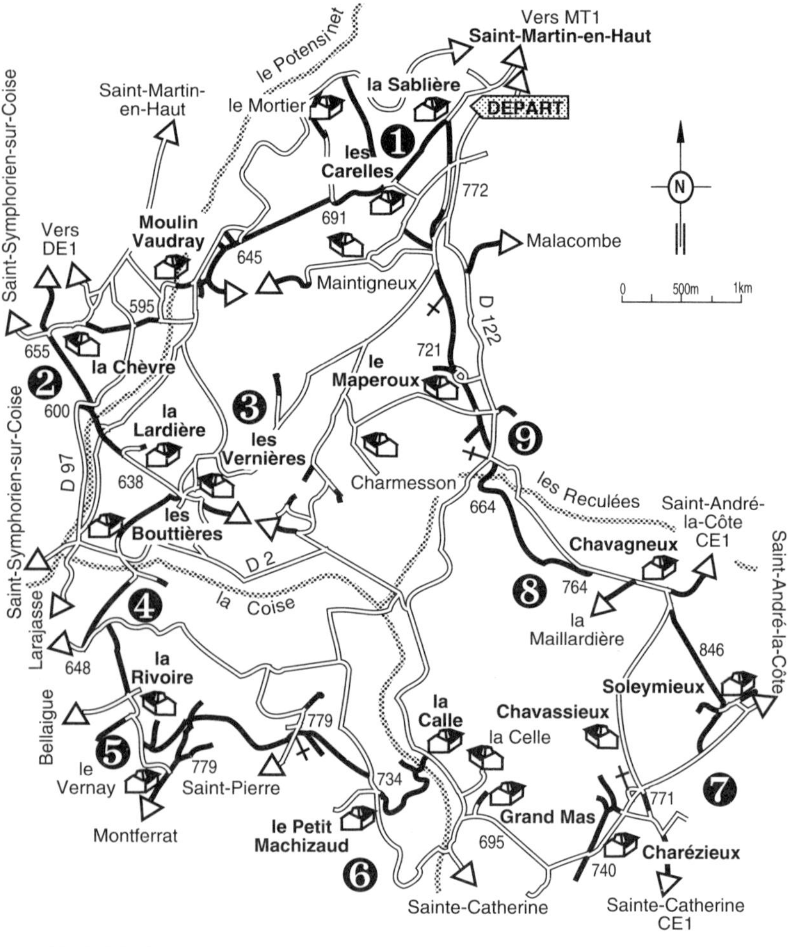

Cartes : IGN – 1/25000e – 2932 Est – Mornant.
Commune : Saint-Martin-en-Haut.
Dénivelé : 261 m.
Longueur : environ 19 km.
Temps approximatif : une petite journée fera l'affaire.

FACILE

ACCÈS : Pour rejoindre **Saint-Martin-en-Haut**, reportez-vous aux explications que nous vous donnons page 71, pour notre circuit **MT1**.

Des barrières inopportunes à la traversée de la Coise.

Peu de vrais reliefs mais la diversité que vous aimez.

DEPART Au Sud de **Saint-Martin-en-Haut**, montez jusqu'au quartier de **la Sablière**. Au bout de la route, prenez le chemin de droite, au Sud-Ouest. Et maintenez cette orientation jusqu'à **la Chèvre**, à près de 4 kilomètres de là.

PARCOURS :

❶ Juste avant **les Carelles**, votre chemin, selon les saisons, a parfois tendance à disparaître dans les champs. Entre ceux-ci, maintenez votre cap au Sud-Ouest pour rejoindre un peu de bitume. Vous retrouverez le chemin à la hauteur de la maison.

❷ Après avoir fait un peu de bitume au Sud, le long du ruisseau de **Potensinet**, vous avez repris un chemin à l'Ouest qui vous a fait traverser la D 97 et rejoindre la D 11 que vous prenez à votre gauche, à l'Ouest, sur 200 mètres, à peine, avant de trouver, à nouveau à gauche, un chemin au Sud-Est par lequel vous allez gagner **les Vernières**, par **la Lardière**, en 1 500 mètres. Remarquez, au passage, le pont par lequel votre chemin franchit une petite route qui n'est autre qu'une ancienne voie ferrée.

❸ Dans le carrefour au Sud-Ouest des **Vernières**, prenez à droite, au Sud-Ouest. Vous gagnerez ainsi **les Bouttières**.

❹ Par le bitume d'une petite route, traversez la D 2 puis **la Coise** juste après laquelle vous prendrez à votre droite pour monter, au Sud Sud-Ouest, vers **Bellardière**. En atteignant la route, n'allez pas vers le hameau. Prenez à gauche. Faites 150 mètres et prenez, à droite, un chemin au Sud qui va continuer de monter jusqu'à **la Rivoire**.

❺ Traversez le hameau, toujours au Sud et toujours en montant. Prenez la direction du **Vernay**. Mais, à guère plus de 200 mètres du hameau, prenez un chemin, à gauche, qui va suivre le coteau jusqu'au **Petit Machizaud**.

❻ Traversez le hameau en descendant au Sud-Est. Le chemin va s'orienter au Nord-Est pour descendre assez fort jusqu'à **la Coise**, la franchir et remonter à la D 2, à **la Calle**. Vous veillerez bien à refermer les barrières qui coupent ce chemin.

❼ Vous avez suivi la D 2, au Sud Sud-Est, sur 400 mètres. Juste après avoir franchi un petit ruisseau, vous avez pris une petite route à gauche, à l'Est, par laquelle vous êtes monté jusqu'à **Chavassieux**, par **le Grand Mas** et **Charézieux**. En passant derrière cette dernière ferme, vous avez trouvé un chemin qui vous a fait éviter 300 mètres de bitume. Dans le carrefour en bas de **Chavassieux**, prenez à droite, au Nord-Est, en direction de **Saint-André-la-Côte**. Faites 300 mètres et prenez, à gauche, un chemin qui va rester parallèle à la route avant de monter vers **Soleymieux**. Pour redescendre vers **Chavagneux**, il s'orientera au Nord-Ouest.

❽ Dépassez le hameau de **Chavagneux** et suivez la route, à l'Ouest Nord-Ouest, sur à peine 500 mètres, avant de prendre, à gauche, un chemin qui va rester sensiblement parallèle à la route qu'il retrouvera juste avant le carrefour de la D 122.

❾ A 150 mètres au Nord du carrefour de la route de **Chavagneux**, quittez la D 122 et prenez à gauche un chemin au Nord. En 2 gros kilomètres, il va regagner votre point de départ de **la Sablière** en restant parallèle à la D 122, à votre droite.

LAMURE

LE1

Partout des fermes isolées, formant le carré autour de leurs cours soigneusement closes. Partout des petits villages à l'étrange propension pour les sites les plus élevés. Ainsi est Lamure, simple hameau dont vous apprécierez pourtant la superbe approche.

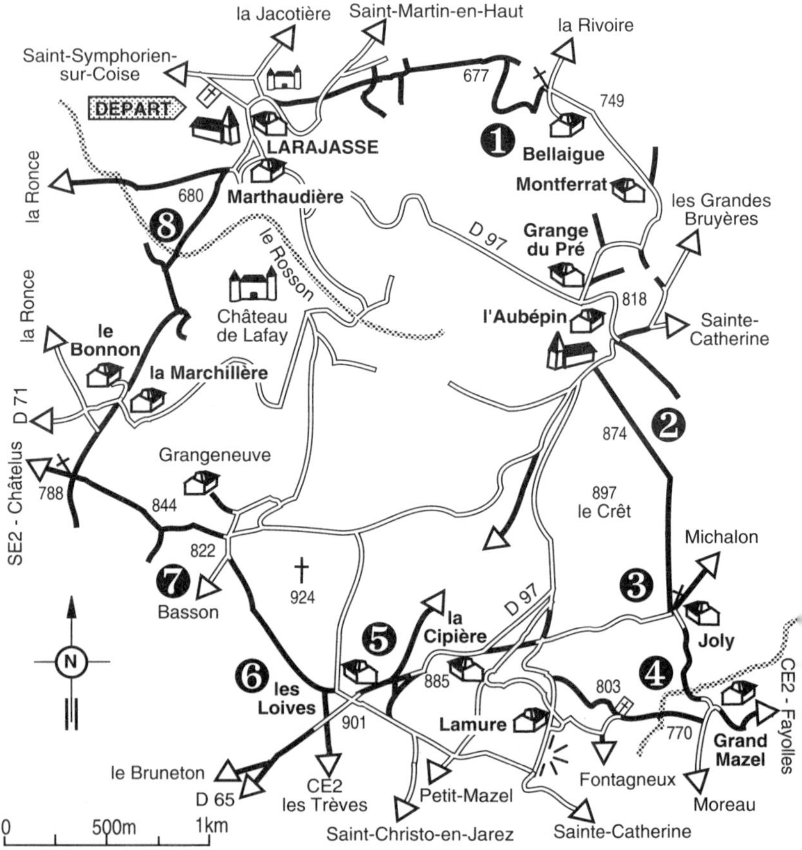

Cartes : IGN – 1/25000ᵉ – 2932 Est – Mornant et 2932 Ouest – Chazelles-sur-Lyon.
Commune : Larajasse.
Dénivelé : 224 m.
Longueur : environ 16 km.
Temps approximatif : consacrez-lui donc cinq heures.

ACCÈS : Au carrefour des D 63 et D 97, **Larajasse**, par la première et la D 2, se trouve à 6 kilomètres à l'Est de **Saint-Symphorien-sur-Coise** et, par la seconde et la D 2, à 28 kilomètres à l'Ouest de **Givors**.

Des chemins se succédant fort agréablement.

Un circuit facile et néanmoins très agréable.

DEPART Quittez **Larajasse** à l'Est. A la sortie du bourg, alors que la D 97 forme une large boucle au Sud, votre chemin la coupe et continue, à l'Est Nord-Est, en direction de **Bellaigue.**

PARCOURS :

❶ Votre chemin a fait un détour au Sud pour atteindre **Bellaigue** d'où il vous faut suivre le bitume pour gagner **Montferrat**, au Sud-Est, puis **Grange du Pré** et enfin **l'Aubépin** que vous traverserez en suivant la D 97 au Sud.

❷ A la sortie de **l'Aubépin**, quittez la D 97 par la gauche, pour un bon chemin, d'abord au Sud-Est. Au sommet de la côte du **Crêt**, il s'orientera au Sud pour redescendre jusqu'à **Joly**.

❸ Traversez **Joly** au Sud, en descendant vers **la Coise**. Vous allez la traverser pour rejoindre **Grand Mazel**.

❹ Prenez à droite, à l'Ouest. Vous allez traverser un petit ruisseau, contourner le cimetière et passer sous **Lamure**, au Nord-Ouest, pour rejoindre une petite route, sous la D 113. Vous la prendrez à votre droite, en direction de **Joly**. Vous ferez 300 mètres et, au premier carrefour, vous prendrez, à votre gauche, un chemin à l'Ouest qui va traverser la D 113 et déboucher sur la D 97.

❺ Au Sud-Ouest, passez **la Cipière** en suivant un petit chemin qui coupe une boucle de la D 97. Puis, prenez sur la droite de celle-ci, toujours au Sud-Ouest, un chemin par lequel vous rejoindrez **les Loives**.

❻ Traversez **les Loives** au Nord-Ouest. Et continuez tout droit lorsque la route prend une orientation Nord. Le chemin remplacera vite la route et vous ferez ainsi 1 petit kilomètre en descendant régulièrement.

❼ Dans le carrefour de **Grangeneuve**, prenez un chemin à gauche, à l'Ouest puis au Nord-Ouest. Faites ainsi environ 800 mètres et prenez à droite, au Nord Nord-Est. Par **la Marchillère**, descendez jusqu'au ruisseau de **Rosson** que vous traverserez.

❽ Remontez en marchant toujours au Nord Nord-Est. A **Marthaudière**, près du terrain de sport, vous retrouverez le bitume des rues de **Larajasse**, votre point de départ.

La région des monts du Lyonnais est un des rares exemples subsistants de ce que pouvait être, jadis, l'organisation économique de notre société.

Contrairement à ce que l'on voit aujourd'hui, la terre n'en était pas réduite à son seul rôle alimentaire. On cultivait le lin et le chanvre dans les champs aujourd'hui voués au maïs ou... à la jachère. Et les villages retentissaient du claquement sec et rythmé de la navette.

Saint-Symphorien-sur-Coise a gardé de cette époque une active industrie de la salaisonnerie mais aussi des tanneries et une industrie du cuir à peu près unique en France. Depuis fort longtemps, tout au long de la Brienne, on extrayait de l'argent, du plomb ou de la pyrite de cuivre ou de fer qu'on exploitait sur place.

Ainsi le paysan travaillait l'été au champ et l'hiver à la «fabrique». Et c'est lorsque celle-ci est partie vers la ville qu'a débuté l'exode rural...

MOUSSIÈRES

CE1

La «chaîne de Riverie», sans être la redoutable «barrière montagneuse» qu'annoncent facilement les prospectus, n'en est pas moins une suite continue de collines boisées qui dominent nettement les monts du Lyonnais et forment, à l'Est, du côté de la ville, comme une sorte d'abrupt rempart.

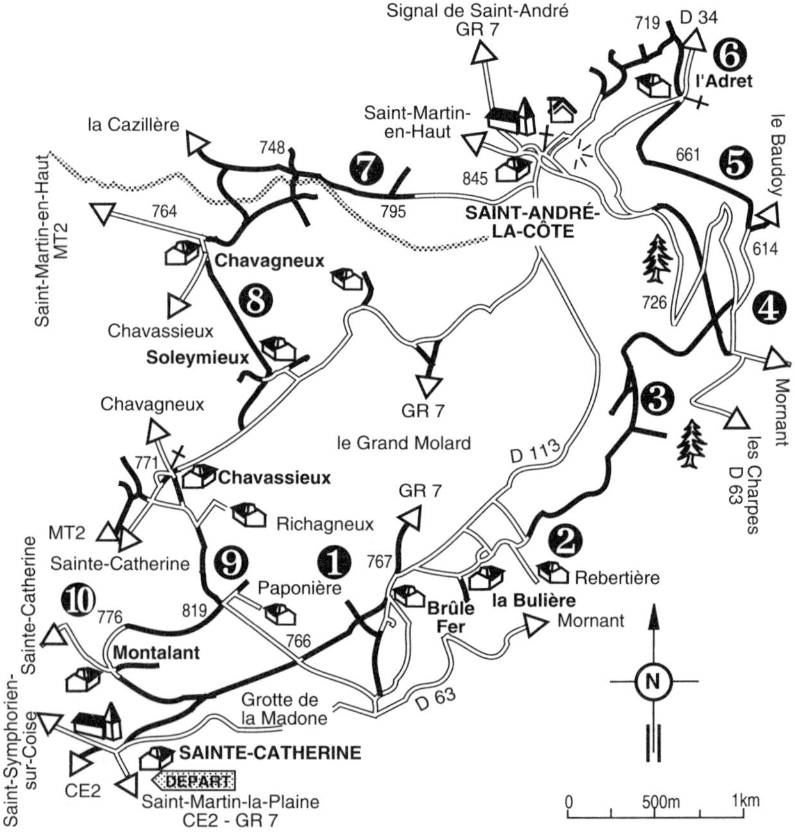

Cartes : IGN – 1/25000ᵉ – 2932 Est – Mornant.
Commune : Sainte-Catherine.
Dénivelé : 231 m.
Longueur : environ 16 km.
Temps approximatif : comptez cinq heures.

Des chemins accidentés mais qui vous restent parfaitement accessibles.

Par monts et par vaux, vous serez tout à fait à votre affaire !

ACCÈS : Sur la D 2, **Sainte-Catherine** se trouve à 11 kilomètres à l'Est de **Saint-Symphorien-sur-Coise** et à 20 kilomètres à l'Ouest de **Givors**.

DEPART C'est en compagnie des balises rouges et blanches du GR 7 que vous quittez **Sainte-Catherine** en montant en direction de «la grotte de la Madone», par un beau chemin, au Nord-Ouest. Maintenez cette orientation sur près de 2 kilomètres, jusqu'à **Brûle Fer**.

PARCOURS :

❶ Le GR 7 vous quitte par la gauche de la D 113 que vous suivez encore sur 150 mètres avant de prendre à droite, à l'Est, une petite route qui vous conduira à **la Bulière**.

❷ Suivez le bitume, au Nord-Est, en zigzaguant sur environ 600 mètres. Puis continuez tout droit, toujours au Nord-Est, lorsque la route s'infléchit au Nord-Ouest.

❸ En descendant, au flanc d'un coteau assez raide, dans les bois, vous allez suivre ce chemin sur près de 3 kilomètres.

❹ Lorsqu'il rejoint la route de **Saint-André-la-Côte**, au pied de ses lacets, coupez-la et continuez par le bitume, au Nord, jusqu'à **Arfeuille**.

❺ Lorsque la route s'arrête, prenez le chemin de gauche. Vous commencez à remonter, assez raide, vers **l'Adret**.

❻ Coupez la route et continuez de monter au Nord. Faites 700 mètres et prenez à gauche, au Sud-Ouest. Montant raide, vous allez rejoindre une petite route par laquelle, sans changer d'orientation, vous gagnerez **Saint-André-la-Côte** (gîte d'étape).

❼ Quittez **Saint-André-la-Côte** par la D 113, au Sud. A la hauteur des dernières maisons du bourg, prenez à droite, à l'Ouest, une petite route qui deviendra chemin au bout d'environ 800 mètres. Faites encore 300 mètres à l'Ouest et prenez à gauche pour traverser le ruisseau. A l'entrée des bois, prenez à droite, au Sud-Ouest, pour les longer en direction de **Chavagneux**.

❽ Prenez à gauche, au Sud, et suivez la route de **Chavassieux** sur quelques dizaines de mètres. Prenez alors à gauche, au Sud Sud-Est, un chemin montant assez fort. Vous cheminez avec notre circuit **MT1**. Faites ainsi environ 800 mètres. Juste avant **Soleymieux**, votre chemin s'orientera au Sud-Ouest. Il va redescendre jusqu'à la route que vous suivrez jusqu'à l'entrée de **Chavassieux**. Dans le carrefour, vous prendrez à gauche, au Sud Sud-Est. Vous quittez là notre circuit **MT1**.

❾ Faites ainsi 800 mètres et prenez à droite, au Sud-Ouest, juste avant d'atteindre une petite route bitumée. Par une large courbe, votre chemin va venir à l'Ouest.

❿ Bitumé, il gagnera **Montalant**, en revenant à une orientation Sud-Est. Traversez le hameau et persévérez dans cette direction lorsque la route fera un lacet à droite. Faites encore un peu plus de 500 mètres par ce bon chemin, et prenez à droite, au Sud-Ouest. Vous êtes sur le chemin par lequel vous avez débuté ce circuit, à guère plus de 500 mètres de **Sainte-Catherine**.

La chapelle romane de Jurieux.

LES CRÊTES

CE2

D'où qu'on l'envisage, ce pays de douces collines paraît toujours barré d'une imposante barrière orientale. Vue de plus près, elle n'a rien, à vrai dire, de réellement terrifiant. Mais elle permet tout de même de dominer agréablement cette belle région.

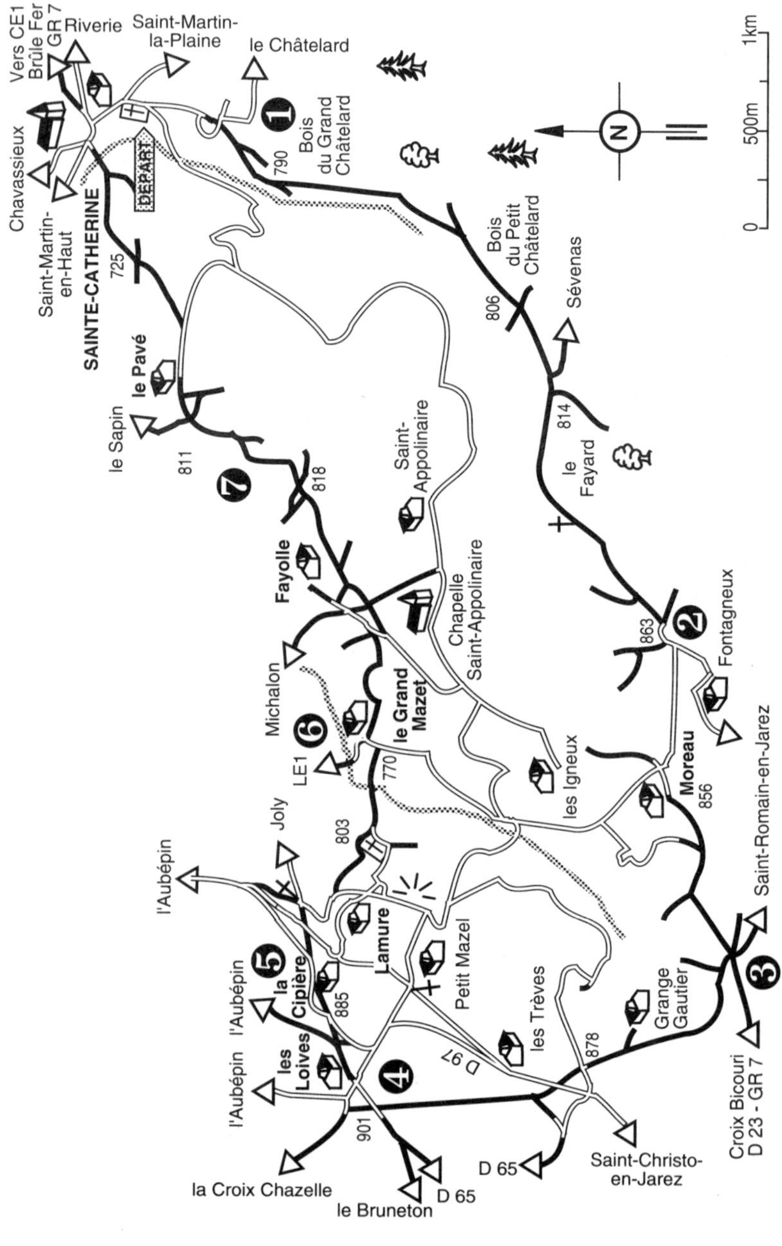

Cartes : IGN – 1/25000ᵉ – 2932 Est – Mornant.
Commune : Sainte-Catherine.
Dénivelé : 236 m.
Longueur : environ 18 km.
Temps approximatif : réservez-lui donc votre journée.

Une très belle randonnée à votre dimension.

Vous en aurez, ce soir, plein les jambes ! Mais cela vaut la peine.

ACCÈS : Pour rejoindre **Sainte-Catherine**, reportez-vous aux explications que nous vous donnons pour notre circuit **CE1**, page 77.

DEPART Quittez **Sainte-Catherine** au Sud, par la D 126, puis par la route du **Châtelard**. Vous marchez en compagnie des balises rouges et blanches du GR 7.

PARCOURS :

1 Après avoir coupé une boucle de la route par un chemin, au Sud-Ouest, continuez par ce même chemin. Vous allez le suivre sur plus de 4 kilomètres, jusqu'à la route de **Fontagneux**.

2 Prenez la route de droite, à l'Ouest, pour gagner **Moreau**. Dépassez les maisons. La route fait place au chemin qui s'oriente au Sud-Ouest. Faites ainsi 1 bon kilomètre.

3 Dans ce carrefour à 5 branches, le GR 7 vous quitte pour continuer à l'Ouest Sud-Ouest. Vous, vous prenez à droite, au Nord-Ouest, une bonne piste qui va rejoindre la D 97 en 1 300 mètres environ. Il vous suffira de la traverser et de continuer par un chemin venant presque au Nord pour rejoindre **les Loives** en 1 kilomètre.

4 Vous rencontrez là notre circuit **LE1**. Dans le carrefour des **Loives**, prenez un chemin à l'Est Nord-Est. Descendez jusqu'à la D 97, coupez une de ces boucles, à **la Cipière**, puis empruntez-la, à l'Est, sur moins de 200 mètres.

5 Lorsqu'elle s'infléchit au Nord-Est, continuez tout droit pour descendre un chemin qui va traverser la D 113 avant d'atteindre la petite route de **Joly**. Prenez à droite. Faites à peine 300 mètres sur cette route et prenez un chemin à gauche, au Sud-Est, qui va passer sous **Lamure**. Au cimetière, vous continuerez à l'Est. Vous franchirez **la Coise** et vous gagnerez le **Grand Mazet**.

6 C'est ici que **LE1** vous quitte en montant au Nord, vers **Joly**. Vous, vous continuez à l'Est. En atteignant la route de **Fayolle**, vous la prenez à droite. Vous faites 100 mètres à peine, au Sud-Ouest, et vous reprenez, à gauche, un chemin au Nord-Est.

7 Par **le Pavé**, vous ne quitterez plus ce chemin ni son orientation Nord-Est. Vous ferez ainsi près de 4 kilomètres pour rejoindre **Sainte-Catherine**, votre point de départ.

Au Fayard, vous pourrez, si vous le désirez, descendre vers la vallée du Gier. Ce nom de «Fayard» indique l'origine forestière de la région, même si le développement de l'agriculture n'a pas laissé grand-chose de la forêt originelle.

Et les fayards (les hêtres), à vrai dire, ne sont pas les plus nombreux. Curieusement, entre les Douglas des monts du Beaujolais et l'âpre massif du Pilat, les monts du Lyonnais, par la fantaisie de leur relief et de leur orientation, subissent une influence plus méridionale où, après le chêne, c'est le pin sylvestre qui prédomine.

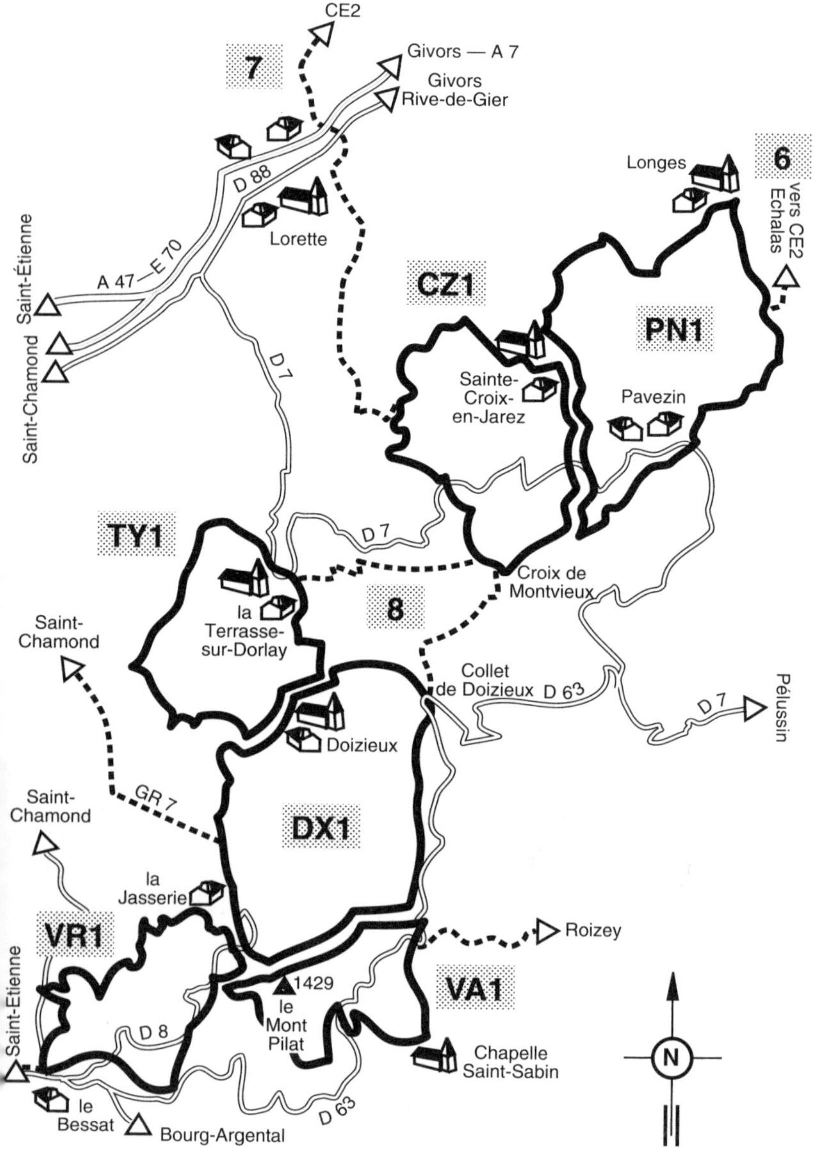

8 Reportez-vous aux pages 94 à 100. Chacune des liaisons entre nos circuits qui vous est indiquée par ces numéros vous y est expliquée. Vous la retrouverez facilement sur les cartes au 1/25000ᵉ correspondantes.

LE MONT PILAT

Le mont Pilat n'a pas de chance. Allez savoir pourquoi, une fois sur deux, les «étrangers» le confondent avec son homologue landais... Lui, pourtant, dans sa solidité de granit, n'a pas de ces fantaisies déambulatoires tout juste bonnes pour une dune, pas pour une montagne !

Et comme si cela ne suffisait pas, c'est chez lui même que continue la confusion entre... ses sommets ! Eugène Masson, qui fut un de ses grands amoureux, ne décoléra pas, de toute sa vie, de voir les bornes des grands-routes compter le kilométrage du Pilat depuis le carrefour du crêt de l'Œillon. C'était là, pour lui, un grave outrage au «vrai» sommet, le crêt de la Perdrix, et surtout à sa chère Jasserie, ultime point accessible en voiture sous ce fameux sommet !

Guère plus de 3 kilomètres les séparent, à vol d'oiseau, et l'un ne dépasse l'autre, en altitude, que de 61 mètres !

Mais il en va ainsi de ces discriminations que la fée électricité a depuis bien longtemps découvert le «faux» sommet, et les restaurants qui occupent son pied, alors que le «vrai» et l'auberge qui, envers et contre tous, continue de monter sa garde solitaire dans ses immensités, vit encore à l'heure romantique en diable de la lampe à pétrole à peine troublée du ronronnement du groupe électrogène !

Ce redent Est du Massif Central, au point de convergence du Vivarais, du Velay, du Forez et des monts du Lyonnais, dressé au-dessus de la vallée du Rhône, possède pourtant une grandeur sauvage dont l'originalité provient essentiellement de cette sorte d'hérédité qu'il tient de chacune de ces régions.

Non, décidément, le mont Pilat ne peut pas se confondre avec une dune. Pas plus qu'il ne peut s'identifier à l'un ou à l'autre de ses innombrables «crêts».

Il est ce point vers lequel, tout naturellement, on se doit d'aboutir, que l'on vienne de l'une ou de l'autre de ces régions qui se retrouvent en lui. Il est un de ces points rares où l'envie vous prend de vous retourner. Et d'envisager, dans la sérénité d'un soir d'après marche, d'un seul et vaste coup d'œil, tous ces pays traversés, tous ces chemins courus et désormais aimés.

LA CHARTREUSE

PN1

Au Sud du Gier, la masse du Pilat est impressionnante. Sans transition ou presque, vous passerez de la plaine à de profondes vallées où se serrent des villages aux allures montagnardes. Une rude impression qui s'estompe pourtant dès lors que l'on est au sein de ces douces collines.

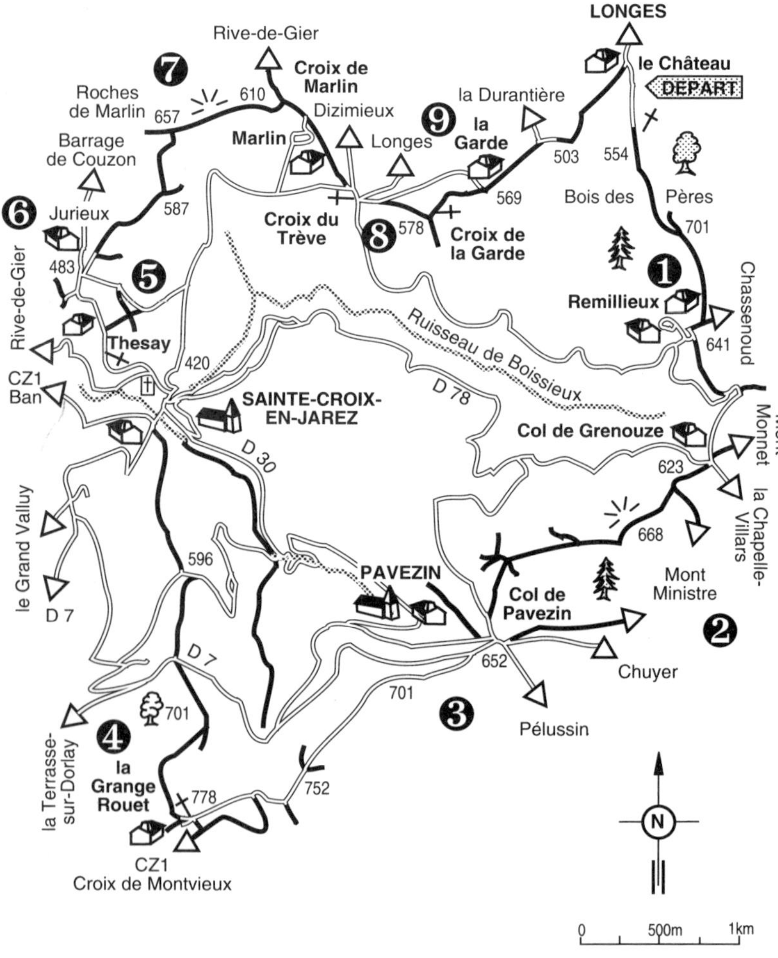

Cartes : IGN – 1/25000e – 2933 Est – Saint-Chamond et 3033 Ouest – Roussillon.
Commune : Pavezin.
Dénivelé : 390 m.
Longueur : environ 20 km.
Temps approximatif : il y faudra bien la journée !

Cartes : IGN – 1/25000e – 2933 Est – Saint-Chamond.
Commune : Sainte-Croix-en-Jarez.
Dénivelé : 478 m.
Longueur : environ 16 km.
Temps approximatif : comptez cinq heures.

FACILE

ACCÈS : Sur la D 30, **Sainte-Croix-en-Jarez** se trouve à 10 kilomètres au Sud de **Rive-de-Gier** et à 15 kilomètres à l'Ouest de **Condrieu**, sur la vallée du **Rhône**.

DEPART Devant l'entrée principale de l'ancienne Chartreuse, traversez **le Couzon** et marchez au Sud. Guère plus de 100 mètres après le pont, prenez à gauche, d'abord au Sud-Est puis à nouveau au Sud. Vous marchez avec notre circuit **PN1** et, avec lui, sur environ 4 kilomètres, vous allez marcher au Sud, en montant jusqu'à **la Grange Rouet**.

PARCOURS :

1 Faites quelques mètres sur le bitume, au Nord-Est. Contournez la dernière maison en la laissant sur votre droite. Suivez ainsi ce chemin au Sud-Est sur une petite centaine de mètres et prenez à nouveau à droite, au Sud-Ouest. Vous quittez **PN1** et vous allez monter régulièrement jusqu'à **la Croix de Montvieux** 300 mètres avant laquelle vous aurez rejoint la D 62.

2 Dans le col, sur son versant Ouest, prenez un chemin, à droite de la D 62, au Nord Nord-Ouest. Faites environ 400 mètres. Le chemin est venu à l'Ouest et vous vous trouvez devant une fourche. Prenez à gauche, à nouveau au Nord Nord-Ouest. Vous allez descendre jusqu'à **la Croix du Mazet**, à près de 2 kilomètres.

3 Traversez la D 7 et prenez, à gauche de la route du **Grand Valluy**, une bonne piste au Nord. Vous pouvez rejoindre directement, par cette piste, **la Croix du Cerisier**, entre les points **5** et **6** de nos explications. Mais vous manqueriez quelques beaux passages. Prenez donc à gauche, 200 mètres après le carrefour.

4 Votre chemin est venu au Nord-Ouest. Montez ainsi sur environ 600 mètres et prenez un chemin à droite. Après environ 150 mètres au Nord, il s'oriente à nouveau au Nord-Ouest. Faites encore 300 mètres et, juste avant la maison du **Sud**, prenez à droite un chemin qui va venir au Nord et vous faire descendre jusqu'à **Ban** (gîte d'étape) en un peu plus de 1 500 mètres.

5 Juste en dessous du gîte d'étape, prenez à droite, à l'Est. Le bitume va très vite faire place au chemin. Vous allez traverser un ruisseau puis, par cette bonne piste, gagner **Seyoux** par **la Croix du Cerisier**.

6 De **Seyoux** à **Sainte-Croix-en-Jarez**, vous ne pouvez guère que suivre la route, au Sud-Est. Un chemin vous permettra cependant de couper un lacet, sous le hameau.

7 Au prix d'un petit détour, vous pourrez encore éviter un peu de bitume en prenant un chemin à gauche, juste après avoir traversé un ruisseau. Vous prendrez ensuite deux fois de suite à droite pour retrouver la route dont, curieusement, tout le parcours n'est pas bitumé. De **Seyoux** à **Sainte-Croix-en-Jarez**, vous ferez ainsi près de 3 kilomètres et vous arriverez au coin du pont sur **le Couzon** par lequel vous êtes parti.

CRÊT MONTCHAUD

TY1

Tout autour du plan d'eau du Dorlay, profondément enchâssé entre ses collines, ce circuit, par de paisibles chemins sans autre difficulté que quelques inoffensifs raidillons, vous offrira quelques surprenants points de vue quasi montagnards.

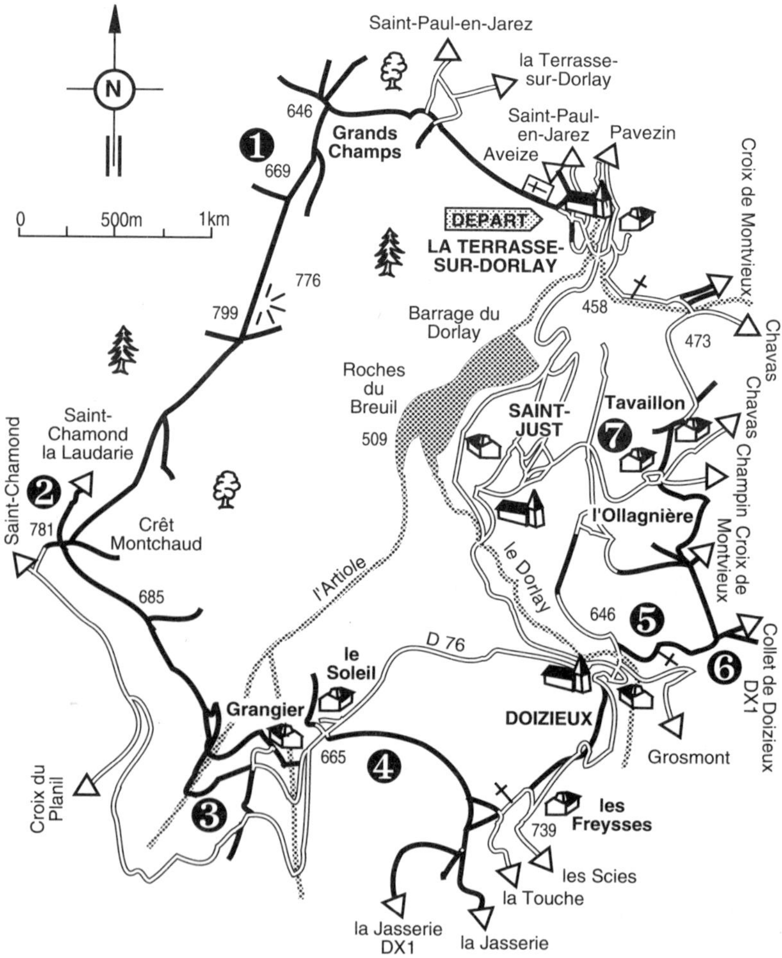

Cartes : IGN – 1/25000ᵉ – 2933 Ouest – Saint-Chamond.
Commune : la Terrasse-sur-Dorlay.
Dénivelé : 352 m.
Longueur : environ 14 km.
Temps approximatif :
comptez quatre bonnes heures.

 D'excellents chemins à mailler avec DX1.

 Accidenté mais un peu bref. Maillez-le donc, vous aussi, à DX1.

ACCÈS : Sur la D 62, **la Terrasse-sur-Dorlay** est à 10 kilomètres au Sud de **Saint-Chamond** et à 28 kilomètres au Nord-Ouest de **Péage-de-Roussillon**, dans la vallée du **Rhône**.

DEPART Quittez le bourg de **la Terrasse-sur-Dorlay** par la petite route qui, depuis l'église, monte au Nord-Ouest, jusqu'au cimetière. Longez-le en le laissant sur votre droite et continuez, toujours au Nord-Ouest, de monter vers la crête de **Grands Champs**, à environ 1 500 mètres du cimetière.

PARCOURS :

❶ En atteignant la crête, prenez à votre gauche, au Sud Sud-Ouest. Vous allez marcher ainsi, sans changer de direction et en suivant la ligne de crête, sur 3 bons kilomètres.

❷ En arrivant sur ce carrefour équipé d'une aire de pique-nique, prenez le deuxième chemin à votre gauche, au Sud-Est. Il va descendre sur plus de 1 500 mètres, jusqu'au ruisseau de **l'Artiole**.

❸ Juste après le ruisseau, votre chemin vient au Nord-Est. Il va rejoindre **Grangier** et traverser un autre ruisseau avant de monter sur la D 76.

❹ Quittez la D 76 par la droite, en face du hameau du **Soleil**. Et montez sur 1 bon kilomètre en prenant progressivement une direction Sud. Lorsque vous l'aurez atteinte, vous prendrez à gauche, au Nord-Est. Vous ne tarderez pas à trouver une petite route, toujours au Nord-Est, que vous suivrez en passant au-dessus du hameau des **Freysses**. Quand elle formera un lacet à droite, vous continuerez dans la même direction, pour descendre vers **Doizieux** que vous voyez en dessous de vous.

❺ Traversez **Doizieux** et remontez, sur l'autre versant de la vallée du **Dorlay**, par la route de **Saint-Just** puis le chemin menant à la statue de la Vierge. En atteignant celle-ci, faites une boucle au Nord puis reprenez votre marche à l'Est, en montant.

❻ Faites encore 300 mètres et prenez à gauche, au Nord. Maintenez cette orientation dans la fourche que vous rencontrez là en prenant sa branche de gauche. Gagnez ainsi **l'Ollagnière**.

❼ Au Nord du hameau, prenez un chemin au Nord Nord-Est par lequel vous gagnerez **Tavaillon**. Toujours en marchant au Nord, vous êtes maintenant irrévocablement sur le bitume. Descendez jusqu'au ruisseau. Traversez-le et prenez à gauche. Vous êtes à 700 mètres de **la Terrasse-sur-Dorlay**.

Le Pilat est une véritable bénédiction pour les ramasseurs, cueilleurs et glaneurs de tous poils !

Sur ses grandes landes sommitales, la myrtille abonde, en août, en même temps que la framboise sauvage.

Plus tard, ce seront les noisettes et surtout les champignons plus réservés aux autochtones qui en connaissent les vrais gisements !

LE CRÊT DE L'ŒILLON

DX1

Le sommet, le vrai, du mont Pilat, le crêt de la Perdrix, vous passerez à deux pas. Mais le crêt de l'Œillon, s'il n'est pas le point le plus haut, est indéniablement le plus spectaculaire et celui qui vous coupera plus sûrement le souffle par le panorama hors du commun qu'il vous offrira.

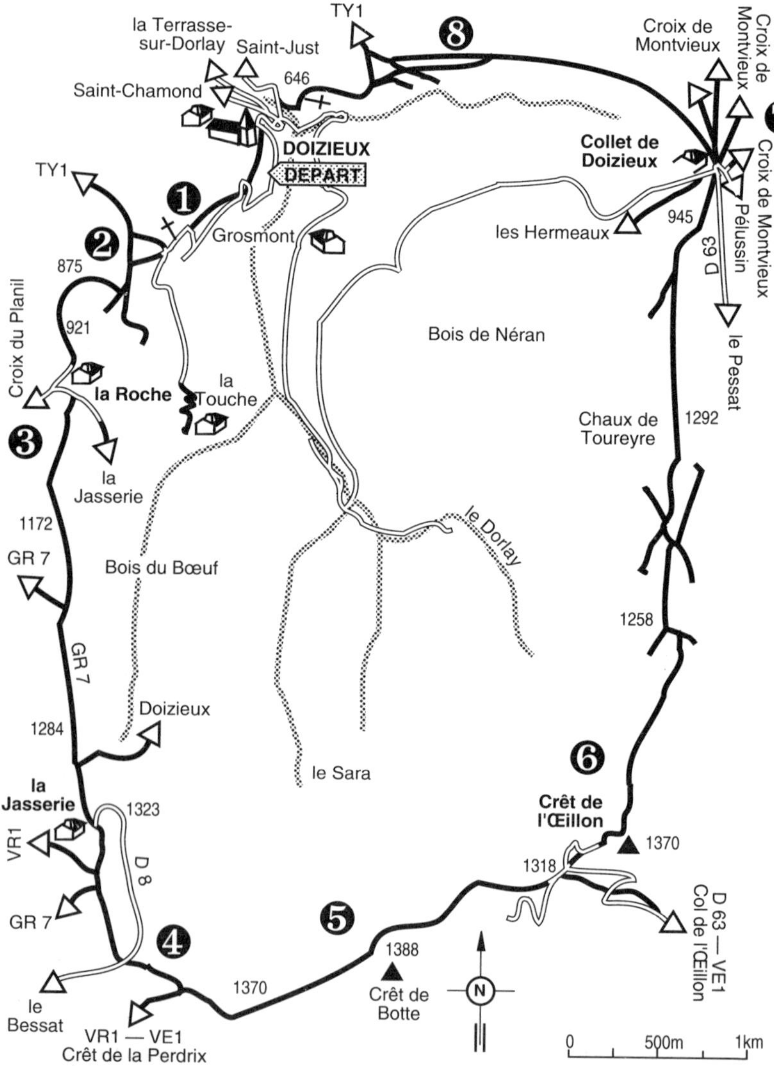

Renseignez-vous. Votre cheval ne passera pas partout.

Relativement difficile mais décapant !

Cartes : IGN – 1/25000e – 2933 Ouest – Saint-Chamond.
Commune : Doizieux.
Dénivelé : 810 m.
Longueur : environ 18 km.
Temps approximatif :
compte tenu du dénivelé, prévoyez une grosse journée.

ACCÈS : Le petit village de **Doizieux** se trouve sur la D 76, à 13 kilomètres au Sud de **Saint-Chamond** et à 18 kilomètres au Nord-Est de **Bessat**, par la D 76 et la D 2.

DÉPART Quittez **Doizieux** au Sud. Montant très raide, un petit chemin va couper les lacets de la route des **Freysses**. Avec notre circuit **TY1** qui le suit également, vous allez, peu à peu, infléchir votre marche au Sud-Ouest, toujours en montant.

PARCOURS :

❶ Vous avez rattrapé la route de **la Touche**. Toujours au Sud-Ouest et toujours montant, suivez-la sur 250 mètres. Et continuez tout droit, sans changer de direction ni de pente, lorsqu'elle virera au Sud.

❷ 300 mètres après la route, votre chemin vire au Sud à son tour. **TY1** vous quitte en partant au Nord. Gardez cette orientation Sud sur quelques dizaines de mètres, pas plus. Puis prenez à droite. Vous allez faire une large boucle à l'Ouest, toujours en montant, pour rejoindre **la Roche**.

❸ Traversez le hameau au Sud-Ouest. Puis prenez à gauche, à l'Est. Faites guère plus de 150 mètres et prenez un chemin montant raide, à votre droite, au Sud. Sans changer de direction, toujours montant, en 2 kilomètres, vous atteindrez **la Jasserie**. A peu près à mi-chemin, le GR 7 va se joindre à vous, arrivant sur votre droite.

❹ Continuez de monter au Sud. Traversez la D 8 et, dans la lande sommitale, juste sous **le crêt de la Perdrix** par où passe notre circuit **VE1** avec lequel vous allez cheminer, infléchissez votre marche au Sud-Est.

❺ Sur la crête, la piste va d'elle-même s'orienter à l'Est Nord-Est, pour passer à gauche du **crêt de Botte** et atteindre **le crêt de l'Œillon**.

❻ Votre chemin part au Nord, juste derrière le sommet du **crêt de l'Œillon**. Et, sans déroger de la crête, il tiendra cette orientation sur 4 bons kilomètres, jusqu'au **collet de Doizieux**.

❼ Vous atteignez la D 63 dans le carrefour de la route de **Doizieux**. Traversez-le, mais ne vous engagez pas dans le lacet que forme ici la D 63. Des trois chemins qui en partent, prenez le premier à gauche, au Nord Nord-Ouest. Descendant à flanc de coteau, il va venir progressivement à l'Ouest.

❽ Depuis **le collet de Doizieux**, vous avez fait environ 1 500 mètres. Un chemin, à votre gauche, va vous permettre de descendre plus directement vers **Doizieux**. Tenez cette orientation générale Ouest Sud-Ouest, encore 1 500 mètres environ. Vous allez atteindre la statue de la Vierge d'où vous dominerez votre point de départ de **Doizieux** vers lequel vous descendrez en lacet.

LE CRÊT DE LA PERDRIX

VR1

Bien débonnaire sommet que celui du mont Pilat ! On n'en découvre pas moins, depuis ce crêt de la Perdrix où vous emmène ce circuit, une rare vue circulaire sur le Massif Central, la vallée du Rhône, les Alpes et même, par beau temps, le Jura.

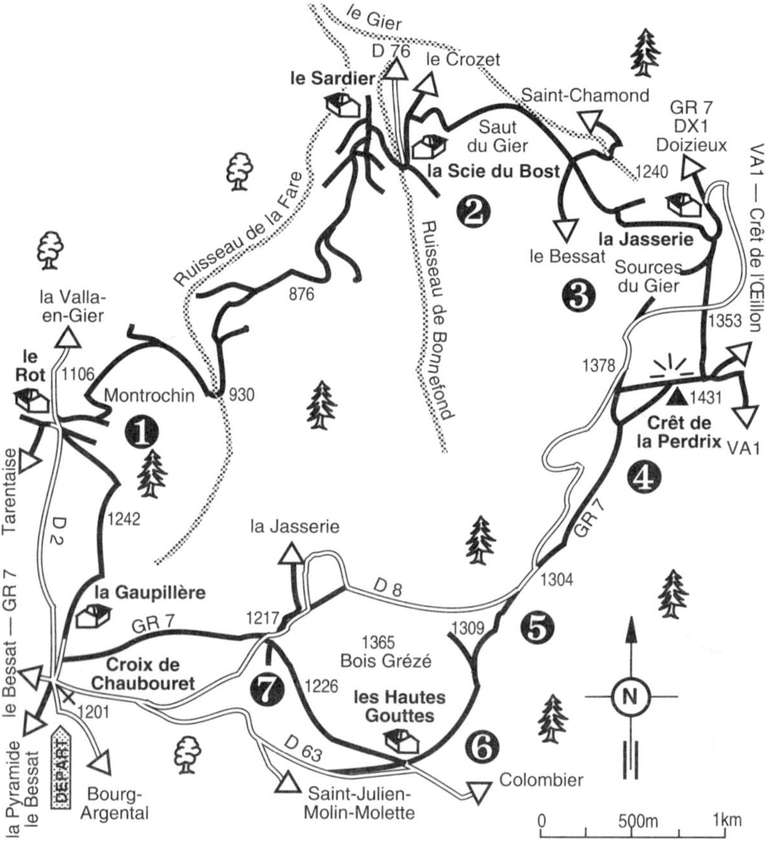

Cartes : IGN – 1/25000e – 2933 Ouest – Saint-Chamond.
Commune : la Valla-en-Gier.
Dénivelé : 615 m.
Longueur : environ 15 km.
Temps approximatif :
comptez une grosse demi-journée.

Stop ! Ce n'est pas pour vous : vous ne passerez pas le Saut du Gier.

Il vous faudra de bons mollets et du souffle. Mais pourquoi pas ?

ACCÈS : Le départ se prendra de **la croix de Chaubouret**, au carrefour de la D 8, de la D 2 et de la D 29, à moins de 1 kilomètre à l'Est du **Bessat**. Par la D 8, **Saint-Étienne** est à 18 kilomètres au Nord-Ouest. Par la D 2, **Saint-Chamond** est à 18 kilomètres au Nord. Et, par la D 29 et la N 82, **Bourg-Argental** est à 15 kilomètres au Sud.

DÉPART A droite de la D 2, à quelques dizaines de mètres au Nord du carrefour de **Chaubouret**, prenez, à droite, au Nord Nord-Est, la petite route de **la Gaupillère**. Le GR 7, dont les balises rouges et blanches ont quitté le carrefour avec vous, part presque aussitôt à droite, à l'Est, par le chemin qui sera celui de votre retour. Dépassez **la Gaupillère** et montez au Nord. Vous allez faire ainsi 1 bon kilomètre avant de redescendre, au Nord-Ouest, pour gagner **le Rot**.

PARCOURS :

❶ Dépassez le carrefour et prenez un chemin, à droite, à flanc de coteau, à l'Est. Faites un peu plus de 200 mètres et prenez à gauche, d'abord au Nord-Est, pour descendre. Vous allez contourner **Montrochin** puis traverser le ruisseau de **la Fare**. A flanc de coteau, vous en longerez alors la vallée, sur sa rive droite, jusqu'au **Sardier**.

❷ Gagnez **la Scie du Bost**, au Sud-Est, pour franchir le ruisseau de **Bonnefond**. Marchez ensuite sur environ 250 mètres au Nord et prenez à droite un chemin montant raide et en lacet. Au **Saut du Gier**, il prendra une orientation Sud-Est.

❸ A **la Jasserie**, marchez au Sud. Traversez la D 8 et montez droit devant vous : c'est **le crêt de la Perdrix** qui vous domine. Allez jusqu'à la table d'orientation.

❹ Quittez le sommet du **Pilat** en descendant au Sud-Ouest. A environ 500 mètres du sommet, votre chemin convergera avec un autre qui porte les balises rouges et blanches propres aux chemins de grande randonnée. Il s'agit, ici, du GR 7 en compagnie duquel vous continuez de descendre au Sud-Ouest.

❺ Le GR 7 continue par la route. A moins que, très fatigué, vous ne vouliez couper, auquel cas vous marcheriez avec lui, vous ne faites guère plus de 100 mètres sur le bitume et vous prenez un chemin à gauche, au Sud-Ouest.

❻ En 2 bons kilomètres, par **les Hautes Gouttes** où vous prendrez à votre droite, au Nord-Ouest, vous allez faire tout le tour du **Bois Grézé** dont la pente vous dominera donc toujours, à votre droite, jusqu'à ce que vous retrouviez la D 8 et le GR 7.

❼ En atteignant la route, revenez de quelques pas au Nord-Est et prenez, à votre gauche, à l'Ouest, un chemin que suivent également les balises rouges et blanches du GR 7. En leur compagnie, en 1 bon kilomètre, vous aurez rejoint la petite route de **la Gaupillère** par laquelle vous êtes parti. Vous la prendrez à votre gauche et vous rejoindrez ainsi **la croix de Chaubouret**.

«Ce coin maudit et redouté», écrit Eugène Masson en évoquant la croix de Chaubouret. Il est vrai qu'il s'agit d'une croix de Chaubouret hivernale et d'un temps où les équipements n'existaient pas pour déneiger les routes.

C'était à pied ou à ski que se passaient ces carrefours aujourd'hui inoffensifs mais où plus d'un se perdit lorsque «la sibère» les y surprenait.

LES CRÊTS

VA1

D'un bout à l'autre, ce circuit reste à proximité immédiate des sommets les plus hauts du massif du Pilat. Tout étant relatif, il s'agira encore, ici, d'altitudes tout à fait raisonnables mais qui ne vous en feront pas moins profiter d'espaces, de panoramas et d'un dépaysement assez exceptionnels.

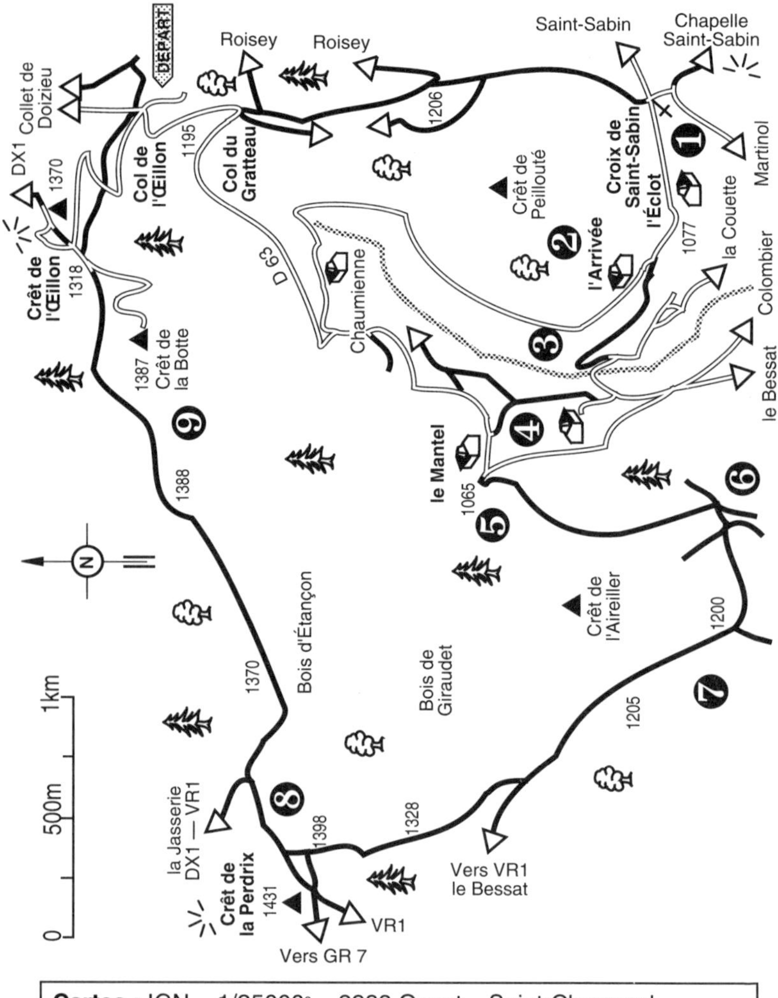

Cartes : IGN – 1/25000e – 2933 Ouest – Saint-Chamond.
Commune : Véranne.
Dénivelé : 436 m.
Longueur : environ 14 km.
Temps approximatif :
prévoyez quatre bonnes heures.

Des chemins demandant de l'expérience. Mais quel régal !

Les cailloux vous feront souffrir. Mais ça vaut bien ça !

ACCÈS : Le départ se prendra du col de **l'Œillon**, sur la D 63, à 14 kilomètres au Sud-Ouest de **Pélussin**, et à 13 kilomètres au Nord-Est du **Bessat**.

DEPART En suivant la D 63 au Sud, gagnez le col du **Gratteau**. Et, dans le lacet que décrit la route, continuez tout droit, au Sud, par une bonne piste. Maintenez cette orientation Sud sur 2 kilomètres, jusqu'à la route de **Saint-Sabin**.

PARCOURS :

❶ Un crochet s'impose jusqu'à la chapelle **Saint-Sabin**, à 500 mètres, d'où, par temps clair, les Alpes vous salueront par-dessus la vallée du **Rhône**. Revenez ensuite sur vos pas et, à la croix de **Saint-Sabin**, prenez, à l'Ouest, à votre gauche, la route de **l'Éclot**.

❷ Passez devant le camping. Faites encore 500 mètres. Juste avant la ferme de **l'Arrivée**, prenez, à gauche, un chemin descendant fort, à l'Ouest puis au Nord-Ouest.

❸ Toujours descendant, votre chemin est venu au Sud avant de rejoindre la route. Prenez-la à votre droite. Traversez le ruisseau et prenez la première petite route à droite, au Nord. Suivez-la sur quelques dizaines de mètres et prenez encore à droite, toujours au Nord, pour continuer de monter.

❹ Le chemin continue en lisière de bois. Vous, sous le hameau du **Mantel**, vous obliquez légèrement à gauche pour monter vers les maisons. Il vous faut franchir des barrières de prés que vous veillez à refermer soigneusement.

❺ Dans **le Mantel**, vous avez suivi la D 63, à l'Ouest. A la sortie du hameau, alors que la route décrit un lacet au Sud-Est, continuez tout droit. Montez dans le bois et prenez à gauche, au Sud-Ouest.

❻ Votre chemin a monté assez fort sur environ 600 mètres, toujours au Sud-Ouest. Puis il est venu au Sud. Faites encore 500 mètres. Puis prenez à votre droite, à l'Ouest. Vous allez encore monter et votre chemin va venir, progressivement au Nord-Ouest.

❼ En marchant ainsi au Nord-Ouest, vous êtes exactement dans l'axe du **crêt de la Perdrix** vers lequel vous montez. Vous en avez pour 2 kilomètres.

❽ En arrivant au sommet, faites donc un petit crochet vers la table d'orientation, à votre gauche. Puis prenez à droite, à l'Est Nord-Est. Vous cheminez avec notre circuit **DX1**. Faites ainsi près de 3 kilomètres.

❾ Dépassez **le crêt de Botte** en le laissant sur votre droite. En atteignant la route de l'antenne, traversez-la et continuez par un chemin descendant au Sud-Est. Vous quittez **DX1** mais vous descendez vers **le crêt de l'Œillon**, votre point de départ.

Selon Eugène Masson, le crêt de Botte tiendrait son nom de celui d'un paysan «rustre et sauvage qui vivait dans ces parages, il y a cinq siècles !». Il devenait furieux à la vue du moindre voyageur égaré dans ces charmants parages dont le maître de la Jasserie écrit que «c'est le pays du froid et de la misère. Les rats eux-mêmes y crèvent de faim en pleine moisson...» Charmant !

LIAISONS

Les circuits que nous vous proposons dans ce guide ne sont, bien sûr, qu'une infime partie des chemins disponibles à la randonnée sur l'ensemble de la région. Pour ceux que l'envie prendrait de découvrir plus profondément ce vaste et beau pays, nous indiquons ici les liaisons possibles entre ces circuits.

Il s'agit cette fois de randonnées à prévoir sur plusieurs jours. Le réseau des gîtes d'étape existant est maintenant bien assez dense pour que ceci soit possible, sans qu'il s'agisse pour autant d'une expédition ! Le descriptif a été fait de façon que vous puissiez retrouver ces chemins sur les cartes au 1/25000e correspondantes, dont nous vous indiquons les numéros.

Dernière précision : ces liaisons ne sont pas toutes praticables par les chevaux. Les cavaliers se renseigneront donc sur place avant de partir.

1 **De la Grange du Bois à Beaujeu par le col du Fût d'Avenas.** Suivez notre circuit **CV1** jusqu'à son point numéro **6**. Au coin de la sapinière, au lieu de prendre à votre gauche, au Nord-Est, prenez au Sud, à votre droite, en compagnie des balises rouges et blanches du GR 76a et de notre circuit **OX1**. Jusqu'au **Potet**, sur 7 bons kilomètres, vous n'allez plus guère changer de direction.

Sur 2 kilomètres, par le col de **Montmartin** où vous vous contenterez de franchir la D 32 pour continuer au Sud, vous allez cheminer avec **OX1**. Mais, lorsque celui-ci prendra à droite, à l'Ouest, pour laisser la montagne des **Aiguillettes** sur sa gauche, vous persévérerez toujours tout droit, au Sud, toujours en compagnie du GR 76a, pour traverser la même montagne des **Aiguillettes** dont vous passerez juste à gauche du sommet.

En atteignant les pépinières de **Vauxrenard**, vous marcherez brièvement au Sud-Est. Mais vous retrouverez l'orientation Sud en prenant la route du **Fût d'Avenas**. Vous la suivrez sur environ 300 mètres et vous prendrez le second chemin à votre gauche, au Sud Sud-Est, lorsqu'elle s'infléchira au Sud-Ouest. Votre chemin, au bout de 200 mètres à peine, reviendra au Sud. Au travers des bois de **la Lienne** et en suivant une crête qui vous offrira quelques superbes panoramas sur la vallée de la Saône, en 2 bons kilomètres, vous rejoindrez un carrefour où vous prendrez à votre droite, à l'Ouest, pour rejoindre **le Potet** d'où vous descendrez jusqu'au col du **Fût d'Avenas**.

A l'Ouest Sud-Ouest, vous prendrez alors la petite route de **la Croix du Pis**. Et vous la quitterez presque aussitôt, guère plus de 100 mètres après le col, pour un chemin à votre gauche, au Sud-Ouest. En 1 bon kilomètre, sans quitter cette orientation, vous monterez jusqu'à la route de la tour de télécommunication. Vous serez alors au **Crêt de la Murette** où vous rencontrerez notre circuit **BU1** au point numéro **7** de nos explications. Avec lui, vous descendrez jusqu'à **Beaujeu** soit directement, soit par la montagne de **Roquefort**.

Carte 2929 Est – Beaujeu.

2 **D'Ouroux au mont Saint-Rigaud par le col de Crie et la Croix des Oncins**. Par le même tracé que nos circuits **OX1**, jusqu'à **Bois Levent**, puis **AS1**, gagnez le carrefour en plein bois du **Grand-Bère**. Quittez alors **AS1** en continuant à l'Ouest puis au Sud-Ouest. En 1 bon kilomètre, vous rejoindrez la D 32 puis le col de **Crie**.

Vous continuerez alors au Sud, par la D 23. Vous la suivrez sur un peu plus de 500 mètres avant de trouver, sur votre droite, un chemin au Sud-Ouest puis, assez rapidement, à l'Ouest. Vous ferez ainsi 1 bon kilomètre au flanc Sud du mont **Chonay**. Vous atteindrez **la Verrière**. Vous passerez sous la maison alors que votre chemin s'infléchira à l'Ouest Nord-Ouest.

Vous serez alors à 500 mètres de **la Croix des Oncins** où vous rencontrerez notre circuit **AT1** au point numéro **6** de nos explications. Il vous faudra soit remonter ce circuit à l'Ouest, soit le faire dans sa plus grande partie pour atteindre le mont **Saint-Rigaud** au pied duquel il passe.

Carte 2929 Est – Beaujeu.

3 **De Beaujeu à Lamure-sur-Azergues et à Chamelet.** Sur sa plus grande longueur, cette liaison suit, dans le sens Nord-Sud, la crête Est des monts du **Beaujolais** qui domine, à l'Ouest, la vallée de l'Azergues et, à l'Est, le vignoble et la vallée de la Saône. Un magnifique chemin de crête que suit également le GR 76.

C'est avec ses balises rouges et blanches que vous quitterez **Beaulieu**, au Sud-Ouest. Vous passerez sous la déviation de la D 37 et vous monterez vers **Château-Saint-Jean**. Vous quitterez la route pour persévérer au Sud-Ouest, lorsqu'elle décrira un lacet à droite. Vous atteindrez ainsi une bonne piste, au terme d'une solide grimpette, légèrement à l'Est des **Ruettes**. Vous la prendrez sur votre gauche et la suivrez sur un peu plus de 700 mètres. Au premier carrefour, toujours en compagnie du GR 76, vous prendrez à votre droite pour monter à nouveau au Sud-Ouest. Et cette fois, à l'exception d'un petit crochet à l'Ouest, au sommet de la montagne de **Thion**, jusqu'à **la Croix de Bonnevay**, sur près de 4 kilomètres, vous ne quitterez plus cette orientation Sud-Ouest.

Le GR 76, avec lequel vous marchez depuis le départ de **Beaujeu**, se contente de traverser la route et de continuer au Sud. C'est aussi ce que vous ferez si vous désirez continuer cette liaison. Par contre, si vous désirez vous rabattre sur la vallée de **l'Azergues** et y trouver nos circuits qui vous permettront de remonter, par l'autre versant, le col des **Echarmeaux** et le mont **Saint-Rigaud**, prenez la route à votre droite, au Sud-Ouest. Faites un peu plus de 700 mètres pour atteindre le col de **la Casse Froide**. Reportez-vous alors au point numéro **5** de notre circuit **CS1** pour descendre vers **Claveisolles**.

Ceux qui désirent continuer vers le Sud continueront donc de cheminer en compagnie du GR 76. Après **les Santaillers**, votre chemin s'orientera au Sud-Est pour descendre vers la D 9. Peu avant de l'atteindre, de la suivre sur environ 200 mètres, puis de la traverser, au **Pied-du-Bois**, il retrouvera une orientation Sud-Ouest qu'il tiendra sur près de 2 kilomètres, jusqu'au col de **la Croix Marchampt**.

Sans vous engager sur le bitume, vous prendrez alors à votre gauche, au Sud-Est. Vous ferez ainsi 1 petit kilomètre en montant. Lorsque votre chemin sera venu franchement à l'Est, vous prendrez à droite, au Sud, pour marcher vers le col de **la Croix Rosier**, à environ 2 kilomètres de là.

Toujours en compagnie du GR 76, dans le col, vous traverserez la D 88 et vous continuerez au Sud Sud-Ouest, sans vous éloigner de la ligne de crête. Vous ferez encore ainsi un peu plus de 1 500 mètres, jusqu'à la croix **Chardiat**. Vous pourrez alors prendre à droite, au Sud-Ouest, pour descendre vers **Lamure-sur-Azergues** où vous trouverez nos circuits de la rive droite de **l'Azergues**.

Si vous continuez au Sud, toujours avec le GR 76 et sans quitter la ligne de crête, vous ferez encore 1 kilomètre avant de joindre le col de la croix de **Montmain** où vous traverserez la D 44. Jusqu'à **la Croix Desplaces**, à environ 1 500 mètres du col, vous persévérerez au Sud. Puis votre chemin s'infléchira au Sud-Ouest. Vous ferez encore ainsi environ 600 mètres avant de commencer à descendre vers **Saint-Cyr-le-Chatoux**.

Vous traverserez le village en marchant au Sud. Vous gagnerez ainsi les bois à l'entrée desquels votre chemin, en montant, s'infléchira au Sud-Ouest. A la première fourche, 500 mètres après l'entrée du bois, vous prendrez à gauche, avec le GR 76. Mais, 300 mètres plus loin, dans une seconde fourche, c'est à droite que vous prendrez, au Sud, laissant le GR 76 continuer de monter, au Sud Sud-Est. En près de 4 kilomètres, la bonne piste que vous venez de prendre, en restant à flanc de coteau et en tenant une orientation générale Sud, vous fera gagner le col du **Joncin**.

Vous y traverserez la D 116 et, à l'entrée de la route de **Létra**, vous prendrez à votre droite, au Nord-Ouest, sous la D 116 parallèlement à laquelle vous marcherez, un chemin qui vous fera descendre jusqu'à **la Bonnaire**. Il vous faudra descendre, en lacet, tout en bas du hameau pour trouver, devant sa dernière maison, un chemin s'engageant dans la descente de la vallée du **Badier**, au Sud Sud-Ouest. Vous longerez la rive gauche du ruisseau sur 1 petit kilomètre. Puis vous le traverserez. Et il vous faudra monter très raide, à l'Ouest, par un tout petit sentier tracé par des motos, pour trouver, sur votre gauche, au Sud Sud-Ouest, à flanc de coteau, un chemin que vous suivrez sur 1 500 mètres environ. Lorsque la crête commencera à s'élargir en s'abaissant au Sud-Ouest, vous prendrez un bon chemin sur votre droite, à l'Ouest. Il vous la fera franchir et descendre vers **Chamelet**.

Pour rejoindre nos circuits de la rive droite de **l'Azergues**, vous traverserez le bourg mais vous ne descendrez pas jusqu'à la D 485. Par **le Plat-Fournier**, en marchant au Nord-Ouest, vous trouverez un chemin qui restera parallèle à la route qu'il laissera sur sa gauche en la dominant. Attention : ce chemin n'est pas partout en très bon état...

Lorsqu'il rejoindra enfin le bitume de la D 485, vous suivrez cette dernière, au Nord, sur environ 500 mètres, avant de trouver, sur votre gauche, un pont sur la voie ferrée que vous franchirez pour monter vers le gîte d'étape du **Branle**. Vous serez alors sur la vieille route de **Saint-Just-d'Avray** à mi-chemin de laquelle notre circuit **JY2** débouchera sur votre gauche.

Cartes 2929 Est, 2930 Est et 2930 Ouest.

4 **Du col du Pilon à Violay par le col du Pin Bouchain.** A une exception près, cette liaison suit le même tracé que le GR 7 avec qui elle partage la même préoccupation de passer des monts du **Beaujolais** à ceux du **Lyonnais** par-dessus le «trou» de **Tarare**.

Depuis le col du **Pilon** que vous atteindrez avec notre circuit **VE1**, vous marcherez au Sud en compagnie de ce dernier et des balises rouges et blanches du GR 7. Vous ferez ainsi plus de 3 kilomètres avant que **VE1** ne vous quitte par la gauche, au Sud-Est. Vous continuerez alors au Sud en compagnie du GR 7. En infléchissant progressivement votre marche au Sud-Ouest, vous descendrez jusqu'aux **Sauvages** en 3 kilomètres.

Dans le bourg, laissez le GR 7 continuer au Sud-Ouest. En suivant la D 121, en direction du **Pin Bouchain**, marchez au Sud. Dépassez le bourg. Faites environ 500 mètres jusqu'au terrain de sport. Et, dans le carrefour de la route de **Rechagny**, quittez la D 121 par la gauche pour un chemin au Sud puis au Sud Sud-Ouest. En 1 bon kilomètre, il va rejoindre une petite route que vous prendrez sur votre gauche, au Sud-Est. Vous ferez environ 300 mètres. Vous dépasserez une maison. Puis vous prendrez à votre droite un chemin filant tout droit au Nord-Ouest. En un peu plus de 1 kilomètre, il rejoindra ainsi la D 121. Vous la suivrez sur une petite centaine de mètres. Vous prendrez à droite, en direction du **Crêt Pirot**, puis tout de suite à gauche, à l'Ouest, une piste à nouveau toute droite où vous retrouverez le GR 7 et par laquelle vous rejoindrez le col du **Pin Bouchain** en 1 petit kilomètre.

Vous y traverserez la N 7. Et c'est, cette fois, sans quitter la compagnie du GR 7 que vous marcherez au Sud-Ouest sur plus de 2 kilomètres avant de prendre au Sud Sud-Est. Vous ferez ainsi près de 4 kilomètres avant de rejoindre notre circuit **VY1** au point numéro **3** de nos explications.

En le suivant, vous rejoindrez facilement **Violay** d'où nos circuits vous permettront une large découverte des monts du **Lyonnais**.

Cartes 2930 Ouest et 2931 Ouest.

5 **De Panissières à Aveize.** Entre le Nord des monts du **Lyonnais** que domine la tour **Matagrin** et la vaste région de collines dont **Saint-Symphorien-sur-Coise** est le centre approximatif, il s'agit, pour vous, de traverser un large sillon que suivent les flots automobiles de la N 89. C'est ce que fait le GR 7, à l'Ouest de **Longessaigne**, et c'est ce que vous propose cette liaison, par **Chambost-Longessaigne**, **Haute-Rivoire** et **l'Argentière**.

Depuis le centre de **Panissières**, vous gagnerez la gendarmerie, non loin du gîte d'étape. Et vous quitterez le bourg au Sud Sud-Est, par la route. Vous passerez par **Chazalon** et vous continuerez sur le bitume, toujours au Sud Sud-Est, pour descendre jusqu'à la D 101. Vous la prendrez sur votre gauche pour trouver presque tout de suite, sur votre droite, un chemin toujours au Sud Sud-Est. Vous traverserez la vallée de **la Loise**. Vous remonterez jusqu'à **Chambost-Longessaigne** non sans passer sous ce pont curieux que domine une chapelle.

Après le bourg, vous prendrez une orientation Sud pour suivre une petite route qui vous fera traverser la D 7 puis le ruisseau des **Granges**. Guère plus de 100 mètres après le pont, vous prendrez à gauche, à l'Est, pour monter vers **le Genevet**. Par les fermes de **chez Rochand**, **les Gorges**, **Sérail** et **chez Godde**, sur près de 5 kilomètres, vous tiendrez une orientation générale Sud Sud-Est pour gagner le camping à la ferme de **chez Henry**.

Il vous faudra alors prendre une petite route, au Sud-Ouest, sur près de 2 kilomètres. En atteignant le vallon du ruisseau du **Pont Lyonnais**, vous franchirez un pont juste après lequel vous prendrez un chemin à gauche, au Sud-Est. Par la ferme de **chez Demare**, vous rejoindrez ainsi la D 489. Vous la traverserez pour prendre, au Sud, un chemin qui vous conduira à **Haute-Rivoire**.

Vous traverserez le bourg au Sud Sud-Est pour gagner le camping d'où, en maintenant cette orientation générale Sud-Est, sur près de 3 kilomètres, par **Bance** et **le Bancel**, vous gagnerez **le Trouilloux**. Par le bitume, toujours en marchant au Sud-Est, vous irez traverser la N 89 et vous gagnerez **le Bessenay**. Vous serez alors sur notre circuit **AE1**, entre les numéros **1** et **2** de nos explications.

Cartes 2931 Ouest et 2932 Ouest.

Des monts du Lyonnais au massif du Pilat. De **Sainte-Catherine**, de **Riverie** ou du signal de **Saint-André**, la tentation sera grande de marcher vers l'imposant massif du **Pilat** dont la silhouette sera omniprésente. Mais il y a, entre les deux, le profond sillon du **Gier**, avec ses villes, ses autoroutes et ses usines, qu'elles soient en activité ou tristement fermées...

Deux itinéraires existent pour traverser cette vallée du **Gier** sans être trop gêné par son urbanisation et ses industries.

6 Le premier (et le plus long) part de **Sainte-Catherine** d'où il descend jusqu'à **Roussillère** en tenant une orientation Sud-Est. De là, il remonte, au Nord, jusqu'à **Palavezin** où il prend une orientation Ouest Nord-Ouest pour passer au Sud de **Saint-Jean-de-Touslas**. Sous **la Mouchonnière**, il s'infléchit au Sud-Est, après avoir traversé le ruisseau de **la Combe d'Allier**, pour longer sa vallée, sur sa rive gauche, jusqu'à **Saint-Romain-en-Gier** que vous atteindrez après être passé sous la D 488 et sous l'autoroute A 47. Du bourg, vous gagnerez par la route le hameau de **Palavezin** d'où un chemin assez raide, au Sud Sud-Est, vous fera atteindre, sur le bord du plateau, le gîte d'étape de la ferme de **Préjurin**.

En marchant au Sud, vous laisserez le bourg d'**Echalas** sur votre droite. Au terrain de sport, juste avant la station EDF, vous prendrez à droite, à l'Ouest. Vous ferez environ 700 mètres avant de trouver, sur votre gauche, un chemin au Sud, entre les prés. Par la ferme de **Janorey** sous laquelle vous passerez, et par le hameau de **Colombet**, vous maintiendrez cette orientation Sud puis Sud Sud-Est jusqu'à la D 140. Vous la prendrez sur votre gauche, à l'Est. Mais, entre la ferme de **Fournachère** et **le Pilon**, vous prendrez un chemin montant au Sud Sud-Ouest. En maintenant cette orientation générale sur près de 5 kilomètres, par le col de **Chassenoud** et le hameau du même nom, vous rejoindrez notre circuit **PN1** à **Remillieux** au point numéro **1** de nos explications.

Cartes 2932 Est, 3032 Ouest, 3033 Est et 3033 Ouest.

7 Le deuxième itinéraire pour joindre les monts du **Lyonnais** au massif du **Pilat** part du point d'altitude 814, entre les numéros **1** et **2** de nos explications du circuit **CE2**. Dans une sorte de col où notre circuit et le GR 7, qui cheminent là de concert, passent d'une orientation Sud-Ouest à Ouest, pour laisser le bois et la crête du **Fayard** sur leur gauche, vous prendrez franchement à votre gauche, à l'Est. Vous ferez environ 200 mètres et vous plongerez au Sud-Ouest.

En laissant **Sénevas**, **la Trivolinière** puis **la Violette** sur votre gauche, vous descendrez vers la vallée du **Gier** en maintenant une orientation générale Sud-Est. En près de 5 kilomètres, vous atteindrez ainsi le hameau de **la Bourdinière** après lequel vous traverserez la D 37 à proximité d'un parc animalier.

Toujours marchant au Sud-Est, vous continuerez de descendre jusqu'à la D 77 que vous ne traverserez pas. Vous la prendrez sur votre droite, sur une bonne centaine de mètres, pour trouver, toujours à droite, à la sortie d'une courbe, un chemin au Sud-Ouest qui vous fera rejoindre la D 6. Vous ne la suivrez que sur à peine 200 mètres pour prendre, à gauche, une petite route qui file tout droit, toujours au Sud-Ouest, vers **la Cappe**. Vous ferez ainsi environ 600 mètres et vous prendrez la troisième route sur votre gauche, au Sud Sud-Est, qui vous fera atteindre la vallée du **Gier** en 1 bon kilomètre.

Après avoir franchi l'autoroute A 47, la rivière puis la D 88, vous marcherez au Sud pour dépasser la zone urbanisée de la vallée. Au bout de 500 à 600 mètres d'une rue bordée à gauche de quelques arbres et, à droite, de lotissements, vous infléchirez votre marche à l'Ouest. Vous ferez ainsi une bonne centaine de mètres avant de trouver, sur votre gauche, au Sud, un chemin par lequel vous monterez jusqu'à **la Micale**.

Par la route, au Sud Sud-Ouest, vous traverserez **Farnay** et vous prendrez la direction de **Ban**. A 300 mètres du village de **Farnay**, dans la fourche que forme la route, vous continuerez tout droit par un chemin qui va contourner un réservoir puis monter jusqu'à un sommet coiffé d'une statue de la Vierge. Vous ferez encore ainsi 1 bon kilomètre avant de trouver une fourche de chemin dans laquelle vous prendrez à votre gauche.

Vous allez encore marcher au Sud sur quelques centaines de mètres avant d'infléchir votre marche à l'Est pour rejoindre la route 200 mètres avant le hameau et le gîte d'étape de **Ban**. Vous serez alors au point numéro **5** de nos explications du circuit **CZ1**.

Cartes 2932 Est et 2933 Est.

8 **Du collet de Doizieux à la Terrasse-sur-Dorlay par la croix de Montvieux.** Ces deux chemins, aussi agréables l'un que l'autre, sont, en fait, le complément de nos circuits **CZ1**, **DX1** et **TY1**. En les reliant les uns aux autres, ils permettent la jonction entre nos six circuits au Nord du **Pilat** et multiplient à l'infini les itinéraires que l'on peut imaginer, dans cette superbe région.

Au **collet de Doizieux**, vous quitterez notre circuit **DX1** au point numéro **7** de nos explications. Des trois chemins qui s'offrent à vous, au Nord du lacet que forme la D 63, **DX1** empruntant celui de gauche, vous prendrez celui de droite montant au Nord Nord-Ouest. Par la crête de **Neufond** et avec quelques très beaux points de vue, en 3 bons kilomètres, il vous fera gagner **le Châtelard** puis le col de **la croix de Montvieux**.

Vous traverserez la D 62 et vous vous engagerez sur un bon chemin au Nord-Est. Vous serez alors sur notre circuit **CZ1**, au point numéro **2** de nos explications. A vrai dire, vous n'y resterez guère que sur environ 300 mètres puisque, à la première fourche qui s'offrira à vous, alors que s'ouvre devant vous une très jolie vue sur le crêt de **Montieux** et en direction de la vallée du **Gier**, **CZ1** prendra à droite, au Nord. Vous, vous prendrez à gauche, à l'Ouest. En 2 bons kilomètres, vous descendrez jusqu'à **la croix du Pendu** où vous traverserez la D 62. Vous prendrez un bon chemin à l'Ouest et, guère plus de 100 mètres après la route, vous infléchirez votre marche à gauche pour vous engager dans une descente en lacet vers **la Jacotte**, dans la vallée de **la Mornante**.

Vous trouverez là notre circuit **TY1**. Et il vous suffira de continuer à l'Ouest, en longeant la rive droite de **la Mornante** pour atteindre **la Terrasse-sur-Dorlay**, son point de départ.

Carte 2933 Est.

LEXIQUE

Si les vieux chemins sont le meilleur moyen de découvrir le pays dans toute son authenticité, ils sont aussi le meilleur moyen de vite contracter l'envie d'en savoir un peu plus !

Pour cela, nous vous renvoyons à la bibliographie que nous publions, page 120.

Mais, avant que vous n'ayez à occuper les longues soirées d'hiver de la lecture studieuse des ouvrages que nous vous y indiquons, nous vous donnons ici des points de repère, des balises pour commencer de comprendre le pays et les hommes que vous allez rencontrer.

A

ANNE DE BEAUJEU

«Madame la Grande», fille de Louis XI et épouse de Pierre de Beaujeu, duc de Bourbon, devait bien moins ce surnom à son physique – la chronique la dit très belle – qu'à la redoutable autorité avec laquelle elle assuma la régence du royaume de France, à la mort de son père, en 1483. Le futur Charles VIII, son frère cadet, n'avait alors que 13 ans et une tête pas trop solide, qui laissa à Anne de Beaujeu tout le temps nécessaire pour marquer l'histoire de son temps de sa forte empreinte.

Bien qu'elle soit née en Flandre, elle ne négligea pas pour autant le pays natal de son mari qui connut alors une des époques les plus fastes. Beaujeu lui doit le bel hôtel qui abrite aujourd'hui la maison de pays. Et quelques très beaux vitraux qu'elle fit installer, subsistent, en Beaujolais. Ainsi du Saint-Michel terrassant le dragon de Beaujeu et de Saint-Claude et Saint-Sébastien, dans l'église de Chamelet.

Anne de Beaujeu est morte en 1522. Mais elle reste indéniablement une sorte de personnage mythique auquel on aime à se référer, en Beaujolais, dès lors qu'il s'agit d'art ou d'évoquer une période d'heureuse abondance.

B

LOUIS BRÉCHARD OU LE «LION DE LA VALLÉE»

Cela doit tenir au pays, à son vin et bien un peu aussi à ses hommes. Depuis Benoît Raclet jusqu'à «papa Bréchart» en passant par l'incontournable Barthélemy Piéchut, maire de Clochemerle, les personnalités de ce pays sont, du même coup, des personnages !

Et Louis Bréchard, que tous les habitants du Beaujolais ont surnommé «papa Bréchard» alors que, dans les couloirs des administrations, ses célèbres colères lui ont valu le surnom qu'il assume fort bien de «lion de la vallée», ne manque pas à la règle.

Ce vigneron de Chamelet, sur l'Azergues, a été le véritable promoteur du succès moderne du Beaujolais. Les mauvaises langues disent que les caisses de bouteilles dont il abreuva la cantine de l'Assemblée nationale, du temps qu'il fut député, firent plus pour la notoriété des vins locaux que bien des campagnes de promotion !

Mais lorsqu'un vilain procès fut intenté aux viticulteurs du Beaujolais accusés de trop chaptaliser (de trop ajouter de sucre, pendant la fermentation), «papa Bréchard», avec tout le battage médiatique qu'il fallait, sut prendre l'accusation sur ses seules épaules. Condamné, il assuma, tout simplement en sachant surtout, avec une redoutable adresse, garder les rieurs de son côté.

Pas une manifestation de promotion, pas une négociation de quelque importance, durant les décennies où il présida aux destinées de l'Union viticole beaujolaise, qui ne vit «papa Bréchard» sur la brèche. Sa silhouette trapue et son œil éternellement goguenard sont restés, durant toutes ces années, qu'il ait été en complet veston, en tenue de travail ou sous le chapeau rond à ruban vert du comité de promotion, parfaitement indissociable de la convivialité qu'il n'a pas peu fait pour en rendre synonyme le simple nom de Beaujolais.

A près de 90 ans, il jouit d'une paisible retraite au milieu de ses vignes du village de Chamelet dont il fut maire durant très longtemps.

C

LA CHARTREUSE DE STE-CROIX circuits **CZ1** et **PN1**

Comme Saint-Louis lors d'une croisade précédente, Guillaume de Roussillon devait décéder en Terre Sainte, en 1277. Il léguait tous ses biens à son épouse, Béatrice de la Tour.

Et c'est pour rester fidèle à la mémoire de son mari que celle-ci, échappant à l'insistance de son entourage, décida d'entrer dans les ordres. Elle eut alors la vision nocturne d'une «Sainte-Croix» lui indiquant, depuis son château de Châteauneuf, la direction qu'il lui fallait suivre pour trouver le lieu élu de sa retraite.

Elle sut qu'elle l'avait trouvé lorsque, dans un vallon sauvage de Pavezin, elle rencontra un brave homme de propriétaire qui lui raconta qu'il avait, la nuit même, eu le songe qu'elle lui achetait ses terres incultes ! Ainsi naquit, en 1280, la Chartreuse de Sainte-Croix-en-Jarez. Béatrice de la Tour qui y mourut en 1307, fut, bien sûr, sa grande bienfaitrice. Mais elle eut des successeurs de façon assez régulière jusqu'au XVIe siècle encore que la modestie des dons reçus par la Chartreuse contraignit les moines à une vie active d'agriculteurs dont la région porte encore la marque.

Comme pour beaucoup de monastères, le déclin commença avec la Renaissance. Mais la Chartreuse de Sainte-Croix parvint tout de même à survivre jusqu'à la Révolution. Déclarée «bien national», elle vit les derniers moines la quitter le 1er octobre 1792.

Ce sont, pour l'essentiel, les habitants de Pavezin qui rachetèrent les bâtiments de la Chartreuse et qui vinrent s'y installer. Cela, bien sûr, entraîna nombre de regrettables destructions, au cours du XIXe siècle. En 1840, c'est le cloître de la deuxième cour qui fut détruit. En 1843, pour construire le clocher actuel, on n'hésita pas à faire disparaître les appartements de Béatrice de la Tour qui avaient pourtant traversé les siècles sans dommage. Et c'est parce qu'elle menaçait de tomber en ruine qu'une bonne partie de l'église du XIIIe siècle a été abattue,

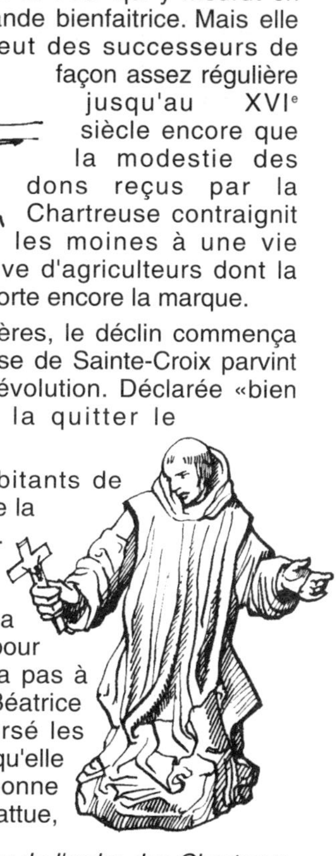

Saint-Benoît, sévère fondateur de l'ordre des Chartreux.

Un Chartreux méditant sur la mort...
Bas-relief ornant une cellule de Sainte-Croix-en-Jarez.

en 1860. Quant aux fresques, à la statuaire et aux décorations de tous ordres qui sombrèrent dans cette mutation d'une Chartreuse en village, il est évident que nul ne pourra jamais en dresser l'inventaire...

Il n'en reste pas moins que ce curieux village qui est né dans l'ancienne Chartreuse, outre l'identité propre qu'il a su prendre sans dénaturer totalement les lieux, a eu l'énorme avantage de détourner de Sainte-Croix la pique du démolisseur à laquelle la Révolution a livré tant d'autres sites.

Patiemment, méthodiquement et dans le plus grand respect de la vie du village, la Chartreuse est, actuellement, l'objet de travaux de remise en état. Et elle mérite amplement que vous preniez le temps d'aller la visiter.

Un humble Saint François-d'Assise en prière à Sainte-Cro
Bois polychrom

LES CHÈVRES DE CENVES circuit **CV1**

On estime couramment qu'à Cenves et dans les environs, il est raisonnable de compter trois ou quatre chèvres pour un habitant ! C'est encore là histoire de connivence avec le pays du vin tout proche, qu'il soit de Beaujolais ou de Mâconnais. Avez-vous déjà accompagné un chiroubles, un juliénas ou un pouilly-fuissé d'un simple morceau de pain et d'un authentique fromage de chèvre local ?

Local, ai-je bien dit. Car il ne s'agit pas de ces gras fromages d'industrie ou de régions de vertes prairies à vaches. Il s'agit bien de ces petits fromages tout secs qui sentent à plein nez la ronce et l'herbe sèche dont s'est nourrie la productrice de lait !

Ces fromages-là ne se trouvent que dans les pays de cailloux, juste au-dessus ou même à côté du vignoble ! Et vous vous en régalerez en ferme, dont aucune ne produit le même fromage que sa voisine, ou à la maison des fromages de Cenves.

Il est ainsi des terres qui compensent amplement par la qualité ce que la rudesse de leur texture ne peut pas fournir en quantité. Et c'est ce qui explique qu'il n'y ait que là, dans les fermes des alentours, que vous choisirez comme on élit un cru, ou à cette maison des fromages que vous trouverez tous ces produits.

Et pourquoi aller les vendre à la ville, vous dira-t-on par ici, puisqu'on n'arrive déjà pas à satisfaire toute la demande locale ?

LA CLOCHE DES ÉGARÉS DE LA JASSERIE

«Soudain, un son de cloche frappe nos oreilles, nous sommes sauvés», écrit Eugène Masson dans le récit qu'il fait d'une des pires «Sibère» qu'il ait eu à subir, en s'en revenant du Bessat où il était allé au ravitaillement avec un de ses commis.

Il est pourtant beaucoup moins précis sur les origines de ce que l'on nomme, dans le mont Lozère ou sur les causses, des «clochers des tourmentes». La cloche qui se trouve au sommet d'un petit campanile et qui pèse 125 kilos, est datée de 1827. En existait-il une avant cette date ? Qui l'a instaurée ? Il semble qu'on ait peu de précision en la matière.

Flanquée de son campanile, la ferme de la Jasserie, aux origines incertaines, seule dans ses solitudes.

La «Grange du Pilat» existerait depuis le XVe siècle, époque où les parcours à bétail du Pilat étaient sous la dépendance des chartreux de Sainte-Croix-en-Jarez. Mais, comme son nom l'indique et comme nous le confirme le récit que l'on a des mésaventures de Jean-Jacques Rousseau (voir à la lettre R), il ne s'agissait guère que d'un abri pour le bétail et les bergers.

Le nom même de Jasserie évoque plutôt les étables ou les bergeries d'été, qu'on nomme «jas» ou «jasses» dans les Cévennes, sur les causses, sur le Vercors ou encore dans les Alpes du Sud. En aucun cas la nature de ces bâtiments toujours situés très loin de tout, ni leur saison d'utilisation ne les prédisposaient à être ainsi équipés d'un «clocher des tourmentes» que l'on trouvait dans les hameaux ou près des établissements religieux.

Deux similitudes, en définitive, qui pourraient laisser penser que c'est sur le modèle cévenol que la Grange du Pilat, abri saisonnier et plus ou moins aléatoire, a été transformée en exploitation permanente. Quant à l'époque à laquelle il faut situer cette évolution, sans autre précision, il paraît raisonnable de s'en tenir à la date portée sur «Marie-Jeanne», la cloche des égarés de la Jasserie.

CLOCHEMERLE-EN-BEAUJOLAIS

Pas question d'évoquer le Beaujolais sans toucher un mot de la truculente histoire narrée, en 1934, par Gabriel Chevallier. On a, après coup, domicilié Justine Putet et l'urinoir, personnages principaux de son roman, à Vaux-en-Beaujolais. C'est central. C'est en plein cœur du vignoble tout en étant littéralement adossé à la protection des monts d'Azergues... C'est bien ! Il fallait bien qu'on imagine ces fabuleux personnages dans un cadre concret qui leur convient tant !

Mais, outre l'urinoir, tous les ruraux vous le diront : il existe des Justine Putet, des Barthélemy Piéchut, des curés Ponosse et des plantureuses Judith Toumignon dans chaque village de France... Heureusement ! Car, sans cela, la vie y serait bien monotone. N'est-ce pas, Hippolyte Foncimagne ?

Ce que vous lisez là vous laisse de glace ? C'est que vous n'avez pas lu *Clochemerle*. Et c'est là un grave manquement à vos connaissances dont il semble que la meilleure façon de le combler soit d'inclure sans tarder cet ouvrage à votre bagage de randonneur !

G

GNAFRON A BEAUJEU

circuit **BU1**

Avec Guignol et sa compagne Madelon, Gnafron appartient bien évidemment au folklore lyonnais. C'est là, en effet, que le marionnettiste Laurent Mourguet créa le célèbre trio, au début du XIXᵉ siècle.

Mais il est tout aussi évident qu'un pays comme Beaujeu, où le vin, dans sa convivialité et dans la joie de bien vivre qu'il sait donner, est quotidiennement célébré, devait beaucoup à Gnafron, cet ivrogne invétéré ! C'est pourquoi on lui érigea une première statue, en 1931. L'œuvre, d'une sympathique naïveté, avait été réalisée par un certain Émile Geoffray.

Las... la pierre dont il avait fait usage ne résista pas aux affres du temps. Et Gnafron commença à tomber en décrépitude. A Beaujeu, c'était intolérable ! Au point qu'on demanda

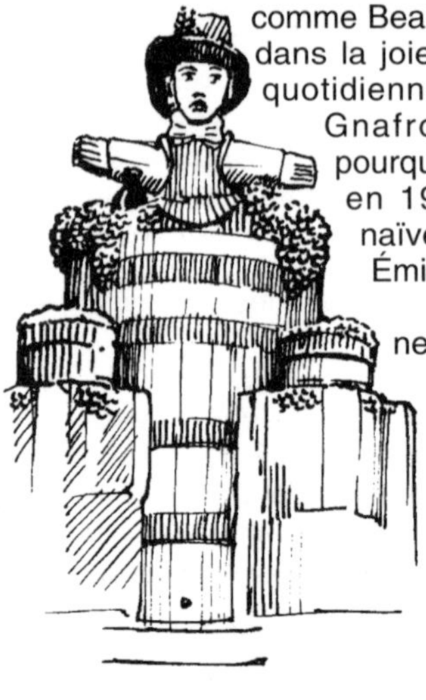

Le «nouveau» Gnafron auquel les habitants de Beaujeu ont rendu un hommage bien mérité !

à un autre sculpteur, Miguel Fernandez, de réaliser, à l'identique, un autre Gnafron. Vous pourrez le voir à la Roche-Gachot, trônant toujours au-dessus du texte de sa prière tant de foi répétée et, apparemment, si souvent exaucée : «Mon Dieu, donne-moi la santé pour longtemps, de l'amour de temps en temps, du boulot pas trop souvent et du beaujolais tout le temps !»

N

NAPOLÉON AUX ECHARMEAUX — circuit **PX1**

A vrai dire, lorsque l'on débouche sur ce grand carrefour récemment aménagé en rond-point, comme cela en est la mode, cette grande statue de Napoléon en pierre blonde du Beaujolais étonne. Qu'est-ce qu'il peut bien faire là ? D'autant que, à l'exception de l'étonnant commentaire gravé sur le socle de la statue, rien n'explique cette présence.

«Oh, toi puissant héros que l'univers admire
Oh, toi qui nous donnas (sic) la gloire avec l'Empire
Supporte que ma main en ses loisirs retrace
Et tes exploits et ton auguste face.»

Que cette fière harangue soit signée de J. Molette fils, sabotier, ne renseigne toujours pas sur les raisons de sa présence en ce col où l'on attendrait plutôt Kellermann, le vainqueur de Valmy, qui vint y dresser son camp, en 1793, avant de donner l'assaut à Lyon.

L'Empereur aurait-il marqué par ici une de ces grandes bornes qui jalonnèrent son triomphant retour de l'île d'Elbe ? Après tout, on est bien dans la bonne direction et il n'y aurait là rien de bien invraisemblable. Encore que, à notre souvenir, depuis qu'à Laffrey, Ney, venu l'arrêter, s'était jeté dans ses bras, il n'avait plus aucune raison, l'Aigle sur le chemin du retour, d'emprunter les axes secondaires dont il s'était contenté jusque-là et dont il faut bien admettre que fait partie la route de Chauffailles aux Echarmeaux.

Alors ? Nous en étions là de nos réflexions quelque peu avides de renseignements complémentaires que se garde bien de donner le vaste mais bien peu informatif panneau dit «de tourisme» voisin du carrefour. Lorsque, dans la véranda d'une maison inhabitée, le long de la D 37, à une bonne centaine de mètres à l'Est du rond-point, à notre grande surprise, nous vîmes se dresser... le neveu quelque peu bâtard et usurpateur, Napoléon le troisième, réalisé du même ciseau naïf dans un bloc de pierre blonde cousin, sinon frère, de celui dans lequel fut taillé le vainqueur d'Austerlitz. Une explication s'imposait !

Elle nous fut fournie par le patron d'un des restaurants qui se sont installés dans ce col de grand passage. J. Molette fils, sabotier aux Echarmeaux, était un fervent partisan de l'Empire. A tel point que, se laissant emporter par son enthousiasme, il détourna ses ciseaux du verne dont on fait les sabots pour s'attaquer à la pierre qui, aujourd'hui encore, dresse ainsi la silhouette impériale dans un carrefour qui ne lui doit rien.

Mais notre homme, dans sa fougue, faute de pouvoir faire poser son modèle au demeurant décédé depuis longtemps lorsqu'il entreprit son œuvre datée de 1861, trouva son inspiration sur une lithographie. C'est ainsi qu'il ne prit pas garde au geste familier de l'Empereur souvent sujet à de violents maux d'estomac qui, sur son personnage, se transforment en maux... du foie !

Infime détail qui, d'une main gauche remplaçant, dans le gilet, la droite, fait de la statue de l'Empereur, aux Echarmeaux, un exemplaire unique et à jamais sans copie !

Napoléon aux Echarmeaux : unique en son genre !

P

PANORAMAS ET POINTS DE VUE DIVERS

La remarque vaut de façon générale mais elle revêt, dans ce pays, un caractère quasi indispensable : les panoramas et autres points de vue ne sont pas automatiquement accessibles tous les jours !

De Solutré au mont Pilat, en passant par le mont Saint-Rigaud et la tour Matagrin, pour les panoramas les plus complets, et les innombrables points de vue en véritables balcons sur Lyon, la vallée du Rhône ou de la Saône, à l'Est, à moins que ce ne soit la plaine du Forez, à l'Ouest, il vous arrivera si souvent, tout au long de ces chemins, de vous arrêter pour laisser filer votre regard loin, très loin, à la recherche d'autres pays, que vous devez être prévenu. En temps normal, la simple humidité ambiante de l'air entretient, surtout sur les vallées, des voiles de brumes plus ou moins opaques qui vous empêcheront de voir le Mont-Blanc, le Jura ou les volcans d'Auvergne depuis des points d'où, pourtant, on vous les a annoncés.

Il n'y a pas là, quoi qu'on en dise, de publicité mensongère ! Peu importe, à vrai dire, que, depuis la tour Matagrin ou le crêt de la Perdrix on ait recensé pour vous quatorze ou dix-sept départements sur lesquels peut théoriquement porter le regard. Cela, en réalité, ne veut pas dire grand-chose. C'est, en tous les cas, totalement ignorer les règles physiques les plus simples de notre environnement qui nous rappellent d'ailleurs que le terme «panorama» est quelque peu usurpé par ces points de vue circulaires. Un panorama, au sens littéral du terme, est une exposition certes circulaire mais en lieu clos donnant l'illusion d'un paysage complet.

Dans le cas qui nous intéresse, il ne s'agit ni de lieu clos ni d'illusion. Et il faut donc tenir compte de tous les ingrédients normaux du paysage parmi lesquels la brume et les écrans de fumée montant des villes ne peuvent évidemment pas être écartés pour votre seul plaisir, au jour et à l'heure précise de votre visite aux tables d'orientation du crêt de la Perdrix ou de la tour Matagrin !

Ceci étant, vous reprendrez l'initiative si vous en profitez pour essayer d'utiliser les conditions naturelles à votre bénéfice. Et ce n'est pas très difficile. Il suffit simplement de posséder un baromètre et... un bon réveille-matin !

Car c'est en effet tôt le matin, lorsque la chaleur du soleil n'a pas encore fait monter les brumes, et lorsque la pression atmosphérique est la plus élevée, que vous avez le plus de chance d'embrasser la réalité de ces panoramas naturels tout à fait exceptionnels.

Vous aurez encore plus de chances de les découvrir dans une étonnante splendeur si vous pouvez être là-haut au lever du jour, par un matin de grand gel. Vous avez alors toutes les chances pour que le peu d'humidité subsistant dans l'air, loin de faire écran à votre vision, fasse, bien au contraire, effet de loupe et vous donne l'impression, depuis la tour Matagrin, que le crêt de la Neige, sommet du Jura, est juste à côté de vous ou que le massif du Mont-Blanc dresse sa masse formidable, visible dans ses moindres détails, si près du crêt de la Perdrix que, de là-haut, il vous suffit de tendre la main pour toucher les Grandes Jorasses ou la Verte !

Comme toutes les observations naturelles, ce sont là des visions exceptionnelles et splendides qu'il faut savoir mériter !

PYRALE ET PHYLLOXÉRA

A deux reprises, le XIXe siècle faillit voir disparaître le vignoble français. Et, à chaque fois, la solution vint du bon sens et de l'observation.

Sous la Restauration et la monarchie de Juillet, c'est la pyrale qui détruit peu à peu les vignes. Le «ver coquin» s'est développé de façon foudroyante et les dégâts sont énormes lorsque Benoît Raclet constate que le seul pied de sa vigne de Romanèche-Thorins qui ne soit pas attaqué par la redoutable chenille est celui qui se trouve, le long du mur de la maison, au plus près du trou par lequel s'écoulent les eaux de vaisselle !

Greffier à Roanne, destitué de sa charge par la Restauration et reconverti à la viticulture, il fait sourire ses voisins qui ne croient pas aux découvertes de cet homme «de la ville». Il lui faudra des années et bon nombre d'échecs pour finir par triompher du scepticisme des vignerons. Mais il faudra aussi que la pyrale détruise plus de la moitié des récoltes des années 1830 et qu'échouent tous les procédés inventés dans la même période.

Lorsque, enfin, l'efficacité de l'échaudage hivernal des pieds de vigne est reconnue, Benoît Raclet est un vieil homme diminué par l'hémiplégie. Alors que se généralisent les chaudières qu'on promène dans les vignes et que recule le «ver coquin», Benoît Raclet meurt le 31 mars 1844, dans la plus grande des misères. Il faudra attendre 1861 pour qu'il lui soit officiellement rendu hommage en même temps qu'était inaugurée sa statue, à Romanèche-Thorins. Le village où l'on découvrit l'eau bouillante pour faire du vin continue de célébrer le sauveur de son vignoble tous les derniers dimanches d'octobre.

Mais guère plus de dix ans après qu'a été inaugurée, à Romanèche-Thorins, l'œuvre du sculpteur Eugène Brunet, tout est à recommencer. Cette fois le mal vient d'Amérique. Il a nom «phylloxéra» et se moque totalement de toutes les chaudières et les bouilloires de la création ! Mais le pire est que ses effets sur le vignoble français sont littéralement foudroyants.

Apparu en Beaujolais, à Villié-Morgon, dès le début de l'épidémie, en 1874, le phylloxéra va y détruire plus de 60% du vignoble en moins de cinq ans. Là comme dans toutes les régions viticoles de France – et elles étaient alors bien plus nombreuses qu'aujourd'hui – la ronce et le genêt remplacent les ceps. Sur les terres pouvant être reconverties à la culture ou à l'élevage, très souvent, le renoncement à la vigne sera définitif.

Sur les meilleurs coteaux de Beaujolais où rien d'autre ne peut raisonnablement venir que le gamay, comme pour la pyrale, quelques décennies plus tôt, toutes les solutions ont été essayées, des plus prometteuses aux plus farfelues.

Victor Pulliat, l'un des plus ardents promoteurs de la «greffe américaine» qui devait sauver le vignoble français.

Un Comité départemental d'étude et de vigilance est créé dès le début de l'épidémie. Et, très rapidement, deux écoles vont s'y rencontrer. Il y a ceux qui préconisent la lutte, d'ailleurs subventionnée par l'État, par le traitement au sulfure de carbone. Et puis il y a ceux qui ont remarqué que le phylloxéra, bien que venant d'Amérique, ne s'en prend pas aux plants cultivés sur ce lointain continent.

On a bien essayé d'implanter chez nous quelques-uns de ces plants résistant à l'infection. Hélas, ils ne donnèrent qu'une infecte piquette même pas digne du regard d'un vrai Beaujolais.

C'est alors que des des gens tels que Victor Pulliat, fondateur de la Société de viticulture de Lyon, préconisèrent la greffe de sarments Gamay sur des souches américaines. Un proche de ce même Victor Pulliat, Joseph Pasquier-Desvignes, réalisa une des premières greffes de ce genre. Il avait importé ses souches en les faisant passer pour du bois de chauffage !

Le résultat, bien sûr, fut lent à apparaître. Et son coût fut bien plus élevé que celui des traitements au sulfure de carbone. Il apparut pourtant suffisamment vite qu'ils étaient bien moins aléatoires. Et, peu à peu, la technique de la greffe sur plants américains se généralisa.

A l'aube de ce siècle, si les conditions économiques restaient encore particulièrement alarmantes, on pouvait estimer que le vignoble beaujolais, comme celui de Bourgogne ou de Bordeaux, était totalement reconstitué.

PONCE PILATE ET LE PILAT circuit **VR1**

Ponce Pilate qui fit condamner le Christ et réussit le tour de force, en s'en lavant les mains, de faire porter la responsabilité de son geste aux Juifs, serait-il enterré quelque part aux alentours des sources du Gier ?

Beaucoup croient dur comme fer à la tradition qui voudrait que le gouverneur de la Judée, qui reconnut, mais un peu tard, avoir fait monter «un juste» sur la croix, ait tragiquement fini ses jours au Pilat. Selon eux, il se serait en effet suicidé en se jetant dans le petit lac que formaient, à l'époque, les sources du Gier.

Il est vrai que Ponce Pilate, quelque peu tombé en disgrâce, après son exploit du mont des Oliviers, est venu finir sa carrière de haut fonctionnaire de Rome comme gouverneur de Vienne. Il y mourut, pense-t-on, en 39 après Jésus-Christ. Mais mourut-il à Vienne même ou vint-il se donner la mort dans ces solitudes dont on voudrait même qu'elles aient gardé son nom et qu'il y ait été inhumé ?

Nul ne le saura jamais. Il faut pourtant remarquer que si le mot «Pilat» semble effectivement bien proche de «Pilate», il est bien hasardeux de se risquer à une telle impasse sur toutes les autres altérations qui auraient pu intervenir dans le temps. Eugène Masson qui rapporte cette légende du suicide de Ponce Pilate aux sources du Gier, tout en y accordant foi, constate lui-même, dans une autre partie de son livre, que «Pilat» s'écrivait sans T sous Napoléon Ier et que, plus récemment encore, les vieux prononçaient «Piala». Ce qui semble tout de même nous éloigner de l'éventuelle source «Pilate».

R

J.-J. ROUSSEAU AU PILAT circuits **VR1** et **VA1**

L'auteur de la *Nouvelle Héloïse* et du *Contrat social*, grand naturaliste à ses heures, est venu, à ce qu'il paraît, herboriser au Pilat.

Les comptes rendus que l'on a de son voyage, par lui-même ou par les gens du pays, font penser qu'il n'en a pas gardé un souvenir impérissable !

La Jasserie qu'on appelait à l'époque «la Grange du Pilat» n'était guère qu'un méchant abri pour les bergers locaux. Or, en montant vers le Pilat, il fit la rencontre de ces bergers qui se contentèrent de ricaner lorsque leurs chiens, se précipitant sur celui qui accompagnait Jean-Jacques Rousseau dans toutes ses randonnées, le mirent en fuite puis… en pièces…

Inconsolable, le grand humaniste se réfugia donc à la Grange du Pilat. «Je conserverai de cette maison, devait-il écrire plus tard, le mauvais souvenir de ses chiens méchants, de ses bergers, sales, impolis et grossiers.»

Et lorsque le maire de Doizieux et ses conseillers vinrent lui lire le petit compliment qu'ils avaient laborieusement préparé pour lui, Rousseau parut ne pas les entendre. Simplement, lorsqu'ils en eurent terminé, il se tourna vers eux et demanda : «Messieurs, auriez-vous des nouvelles de mon chien à me donner ?»

Le compliment, à ce que l'on dit, avait été rédigé avec l'aide du curé de Doizieux qui, bien sûr, s'était bien gardé d'aller au-delà et de venir saluer cet humaniste mécréant. Il dut, de l'aventure, bien rire sous cape !

INDEX
des noms de lieux

A

B

C

M

N

O

BOURG OU COMMUNE.
Site intéressant ou important, but de votre circuit.

ADRESSES UTILES

Association départementale de tourisme rural du Rhône
1, rue du Général-Plessier
69287 Lyon Cedex 02
78 37 05 46

Association départementale de tourisme rural de la Loire
Cité de l'agriculture
43, av. Albert-Raimond – BP 50
42272 St-Priest-en-Jarez Cedex
77 92 12 25 ou 77 79 18 49

Comité départemental du tourisme du Rhône
146, rue Pierre-Corneille
69426 Lyon Cedex 03
72 61 78 90

Comité départemental du tourisme de la Loire
5, place Jean-Jaurès
42000 Saint-Étienne
77 33 15 39

Comité départemental du tourisme équestre du Rhône
Chez Monsieur J. Fabre,
7, chemin du Vallon
69370 St-Didier-au-Mont-d'Or

Comité de liaison interconsulaire de la Loire
43, av. Albert Raimond – BP 50
42272 St-Priest-en-Jarez Cedex
77 92 12 25

Office de tourisme des monts de Tarare
6, place de la Madeleine
69170 Tarare – 74 63 06 65

Parc naturel régional du Pilat
2, rue Benay, «moulin de Virieu»
42410 Pélussin – 74 59 65 24

Syndicat d'initiative de la Haute-Azergues
Rue du Vieux-Pont
69870 Lamure-sur-Azergues
74 03 02 71 (Mairie)

Syndicat d'initiative de Beaujeu
Square Grandhan
69430 – Beaujeu
74 69 22 88

INDEX DES TEXTES

LEXIQUE

BIBLIOGRAPHIE

Clochemerle
Gabriel Chevallier – Éditions Rombaldi – 1976

La chartreuse de Sainte-Croix
F. Jeanty – Parc naturel régional du Pilat

La Jasserie et le mont Pilat
Eugène Masson – imprimerie IPC – Saint-Étienne – 1984

Le guide du Beaujolais
Bernard Frangin – la Manufacture – 1989

Rhône-Alpes
Guides bleus – Hachette – 1991

Imprimé en France par Pollina, 85400 Luçon - n° 64708
Dépôt légal : mai 1994